Bibliographic information published by the German National Library:

The German National Library lists this publication in the National Bibliography; detailed bibliographic data are available on the Internet at http://dnb.dnb.de .

Imprint:

Print and binding: Books on Demand GmbH, Norderstedt Germany
ISBN: 9783668965492

This book at GRIN:

https://www.grin.com/document/476903

Salima Bourougaa-Tria

Ontologie et Web Sémantique

GRIN Verlag

الجمهورية الجزائرية الديمقراطية الشعبية
REPUBLIQUE ALGERIENNE DEMOCRATIQUE et POPULAIRE

MINISTERE DE L'ENSEIGNEMENT SUPERIEUR
ET DE LA RECHERCHE SCIENTIFIQUE

وزارة التعليـــم العالـــي والبحـــث العلمـــي

UNVERSITE DE TEBESSA

جـامعـــة تبـســـــة

Faculté des Sciences Exactes et des Sciences de la Nature et de la Vie

Département de .... Mathématique et Informatique..

Ontologies et Web Sémantique

Programme de Deuxième Année Master SI En Informatique

Support de Cours Réalisé Par :
Dr. Salima Bourougaa-Tria

Description

Intitulé du Master : Systèmes d'Informations
Semestre *:* 3
Intitulé de l'UE : UEM3(O/P)
Intitulé de la matière : Ontologies et Web Sémantique
Crédits : 4
Coefficients : 2

Objectifs de l'enseignement
Ce cours a pour objectif l'étude des ontologies ainsi que leur classification ainsi que les principes qui sont à la base du web sémantique. Il permet également de Fournir à l'étudiant les connaissances nécessaires à la compréhension des technologies utilisées pour la réalisation du web sémantique, et appréhender les apports des ontologies dans différents domaines ainsi que les formalismes permettant de les représenter et de les concevoir. Les modèles et langages d'ontologies sont également abordés dans le but d'acquérir une maîtrise de la pratique des ontologies.

Connaissances préalables recommandées
////
Contenu de la matière

1. Introduction au web sémantique : Motivation, Définition, Modèle en couche, etc.. .
2. Les ontologies : Définition, Modélisation, Formalisation, Représentation, ...
3. Structure d'une ontologie
4. Une taxonomie des domaines d'ontologies
5. Classification des ontologies
6. Langages et modèles d'ontologies
7. Processus de construction de l'ontologie « ContoLogy », pour le domaine de la sensibilité au contexte dans les environnements ubiquitaires.

Mode d'évaluation :
- Contrôle continu
- Examen

Références

- Michel HÉON, "Web sémantique et modélisation ontologique (avec G-OWL)", Guide du développeur Java sous Eclipse, Édition ENI, 2014.
- Fabien Gandon, Catherine Faron-Zucker, Olivier Corby, " Le web sémantique". Édition Dunod, 2012.
- Dean Allemang, James A. Hendler, "Semantic Web for the Working Ontologist", Édition Morgan Kaufmann, 2001.

Liste des figures

Liste des Tableaux

INTRODUCTION GÉNÉRALE

INTRODUCTION GENERALE

Il y a de multiples raisons pour lesquelles la difficulté de compréhension dans un dialogue apparaît, nous empêchant de faire comprendre à l'autre ce que l'on désire exprimer. Bien souvent, nous passons par de petits dessins pour mieux exprimer les choses, ces petites représentations plus ou moins formelles permettent un accord sur l'interprétation à adopter pour nous comprendre.

Dans la phrase Jean fait la cuisine plusieurs interprétations peuvent être faites, Jean prépare à manger, Jean monte les meubles de la cuisine ou encore Jean peint les murs de la cuisine (la pièce de la maison où l'on prépare à manger). Toutes ces interprétations sont dues aux multiples sens que l'on peut donner aux termes utilisés, en fonction du contexte. Si dans notre exemple, nous définissons le terme cuisine comme la pièce de la maison dans laquelle on prépare à manger, nous restreignons alors les interprétations possibles.

Pour éviter au maximum les ambiguïtés de compréhension, nous utilisons donc naturellement une convention entre les individus prenant part au dialogue, passant par un formalisme qu'il soit graphique ou linguistique. C'est dans ce dernier formalisme que les ontologies interviennent.

Le Web classique est surtout syntaxique, la structure des ressources est clairement définie, mais leur contenu demeure inaccessible aux traitements machines, seuls les humains peuvent l'interpréter. Pour cette raison, on trouve que le premier objectif du Web sémantique est d'éliminer cette difficulté en prenant en compte la sémantique des ressources du Web, par l'utilisation des ontologies.

Par conséquent, dans ce support de cours, nous allons détailler la relation entre le web sémantique et les ontologies. Tout d'abord, on va introduire le web sémantique dans la section I. La section II présente une définition, la modélisation et la formalisation des ontologies. La structure d'une ontologie, la taxonomie des domaines et la classification des ontologies font l'objet de la section III.

A son tour, la section IV explique les langages de construction des ontologies, les éditeurs d'ontologies et les systèmes de raisonnement sur les ontologies. La section V présente une étude de cas : *PROCESSUS DE CONSTRUCTION DE L'ONTOLOGIE « ContoLogy », POUR LE DOMAINE DE LA SENSIBILITE AU CONTEXTE DANS LES ENVIRONNEMENTS UBIQUITAIRE.*

Enfin, nous concluons ce travail par une conclusion.

I.

INTRODUCTION AU WEB SÉMANTIQUE

1. Le web classique

Dans cette section on va présenter les points suivants : définition du Web, le contenu du web et problèmes de sémantique avec le web classique.

1.1. Définition

Le Web est tout d'abord un outil universel pour *publier et échanger* des informations : en utilisant le trio de base : HTML+URL+http. L'information est *gérée* sous forme de *bases de données, fichiers, annuaires*, etc. On peut distinguer entre (voir figure1.1) :

- l'information à la surface, qui est accessible par navigation et
- l'information en profondeur, qui est "cachée" derrière des applications.

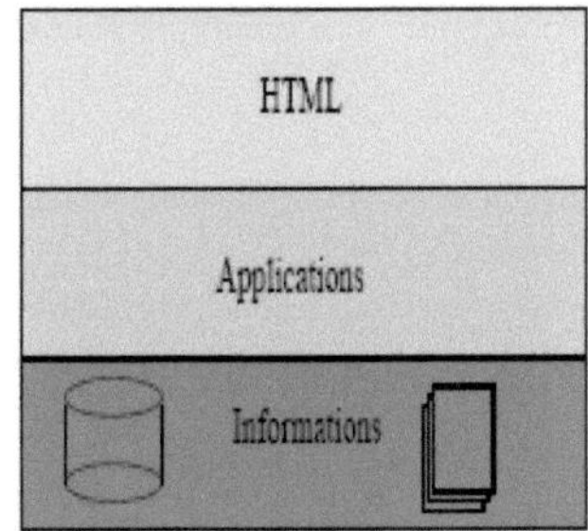

Figure 1.1. Modèle en couche du Web classique. [w3c01]

1.2. Le contenu du Web

Selon l'Extrait de l'étude de Brightplanet sur des données collectées pendant 15jours en 2000.

- La taille du Web (surface et profond) est estimée à 7 500 téra-octets dont seulement 19 (0.02%) sont accessibles par les moteurs de recherche.
- Il existe plus que 200 000 serveurs de contenu dont les soixante premiers contiennent environs 750 téra-octets d'informations.
- Les serveurs de contenu supportent cinquante à soixante fois plus de traffic que les serveurs de surface.
- Plus que 50% du contenu se trouve dans des bases de données spécialisées.

1.3. Problèmes de sémantique avec le web classique

On peut distinguer des problèmes majeurs comme suit :

- Au niveau du Web, les informations sont « cachées » dans le code HTML (contient l'expression en LN des informations) ou dans des images, des fichiers sonores, des vidéos, etc.

- ✍ On peut utiliser des moteurs de recherche (sur le texte), mais pour des raisons de performance (et de taille du web), ces moteurs ne font aucun traitement sophistiqué (recherche de mots).
- ✍ A la base, les données sont stockées de façon structurée : dans un SGBD. Mais le SGBD n'est pas visible.
- ✍ Utilisation de HTML et CSS pour la mise en page « à part », mais toujours pas de description (utilisable par une machine) de ce que « contient le document ».
- ✍ Utilisation de XHTML : Évite le fouillis d'HTML, mais il s'agit toujours de documents.
- ✍ L'utilisation de XML + XSLT ! (X) HTML : Mieux, mais le XML n'est pas toujours visible . . . en plus, XML n'est pas un langage (mais un métalangage) : comment comparer deux documents XML écrits avec des DTD différentes ?

Les exemples 1 et 2 illustrent aussi le problème de la sémantique pour le web traductionnel :

- ➢ Exemple 1:

Horaires de trains, horaires d'avion ! Documents HTML avec tables, Comment croiser les deux documents pour un trajet train puis avion ?

- ✍ Les documents HTML ne peuvent pas être utilisés (*présentation* des données).
- ✍ Mais le schéma de la base des trains est sans doute très différent de celui de la base des avions.

- ➢ Exemple 2 :

Recherche des informations sur un livre dont le sujet est Victor Hugo

- ✍ Le moteur de recherche ne s'intéresse par exemple qu'aux termes « livre » et « Victor Hugo»)
- ✍ Résultat : les livres écrits par cet auteur.

De ces 2 exemples on peut tirer la problématique suivante :

Problématique :

Il faudrait une représentation « commune », utilisant un langage standard pour pouvoir croiser les données (automatiquement).

Comme solution possible pour cette problématique, on a :

Solution :

Le Web actuel est syntaxique : structure des ressources bien définies mais le contenu reste quasi inaccessible aux machines. Seuls les humains peuvent l'interpréter.

Alors, il faut *Indexer les informations dans un langage standard, en utilisant un vocabulaire standard (une ontologie).*

L'utilisation des ontologies rond le web actuel un Web sémantique.

2. Le Web Sémantique

Le Web classique est surtout syntaxique, la structure des ressources est clairement définie, mais leur contenu demeure inaccessible aux traitements machines, seuls les humains peuvent l'interpréter. [Lekhchine09]

Pour cette raison, on trouve que le premier objectif du Web sémantique est d'éliminer cette difficulté en prenant en compte la sémantique des ressources du Web, par l'utilisation des ontologies, ce qui facilite aux différents agents logiciels l'accès et l'exploitation directe des ressources ainsi que le raisonnement dessus [Lee02]. Ce référencement sémantique peut aussi donner des solutions aux conflits d'interprétation des ressources informationnelles découlant des applications hétérogènes et réparties et de permettre ainsi l'intégration sémantique de ces applications. [Uschold02].

2.1. Motivation : Pourquoi le web sémantique ?

Les motivations sont comme suit :

- Beaucoup d'informations mais la description de l'information (méta-données) est limitée
- HTML ne donne que des liens sans sémantique (non utilisables par les machines)
- Les moteurs de recherche par mots clés laissent beaucoup de travail à l'utilisateur
- Et plus généralement, trouver les bonnes ressources, analyser le contenu des pages, dégager les bonnes informations, combiner les différents résultats est coûteux en temps ...et parfois fastidieux !
- L'information et les services sur le Web sont aujourd'hui peu exploitables par des machines ... Et de moins en moins exploitables sans l'aide des machines ...
- La propriété clé de l'architecture du Web Sémantique se résume par : un sens partagé commun et métadonnées traitables par les machines

2.2. Définition et principe du web sémantique

Le web sémantique est une extension du web actuel, dont lequel, les informations sont structurées en fonction d'une sémantique bien définie. Le consortium web a défini un cadre général qui permet le partage et la réutilisation des données au travers de différentes applications. Les données du web cachées dans le code HTML manquent d'information sémantique les décrivant. Seul homme peut lire et appréhender le contenu du site web.

Ce contenu n'est pas assigner à la manipulation de manière autonome et intelligente par les programmes informatiques. Ainsi, les ordinateurs jouent un rôle très inactif, quelquefois réduit uniquement à un outil d'affichage du contenu. Ils n'ont pas un réel accès au contenu de la présentation, Ils ne sont pas capables de comprendre la signification de l'information présentée. Le besoin de chercher et retrouver facilement et rapidement les informations pertinentes et complètes est de plus en plus demandé par les utilisateurs du Web.

Les supports actuels construits spécifiquement pour le Web, basés sur la syntaxe des documents, ne satisfont plus ce besoin. Il faut que des agents logiciels aident plus efficacement différentes types d'utilisateurs dans leur accès aux ressources sur le Web. Ainsi, le web devra devenir un espace d'échanges d'informations entre les agents humains et machines.

L'expression Web sémantique, donnée par Tim Berners-Lee au sein du W3C qui définit le web sémantique :

« The semantic Web is an extension of the current web in which information is given well-defined meaning, better enabling computers and peope to work in cooperation »[Berners01]

A partir de cette définition les utilisateurs déchargés d'une bonne partie de leurs tâches de construction, de recherche et de combinaison des résultats, grâce aux capacités développées des machines à accéder aux contenus des ressources et à effectuer des raisonnements sur ceux-ci.

2.3. Historique du web sémantique

- En 1994, au CERN, lors de la première conférence WWW à Genève, a lieu l'annonce de la création du W3C. au cours de cette période, Tim Berners-Lee indique les objectifs du W3C et explique les besoins d'ajouter de la sémantique au Web futur. Il a illustré en quoi les liens hypertextes ou, plus précisément, la façon dont on met en relation les documents sur le Web est trop réduite pour permettre aux machines de relier automatiquement les données contenues sur le Web à la réalité. Compte tenu de les objectifs d'un tel projet, cette idée provoque quelques controverses et résistances qui sont classiquement rencontrées dès qu'on approche des problématiques liées au domaine de l'intelligence artificielle. Après cette conférence, mise à part la mise en place des recommandations nécessaires à la construction des documents, le W3C nouvellement créé entame les premières réflexions sur la mise en place du Web sémantique. Ces réflexions aboutissent à la publication d'un premier draft de recommandations sur le Web sémantique en octobre 1997 et d'une seconde.

- en avril 1998. Tim Berners-Lee a publié un document sur les toutes premières recherches du Web sémantique. Ces recherches consistent à mettre en place les différentes technologies du Web sémantique.

- En 1999, Tim Berners-Lee publie le livre [Lee99] dans lequel expose un portrait du Web et les pistes pour son avenir. Les idées du Web sémantique n'en sont évidemment pas absentes. Dans la même année, il a énoncé sa célèbre citation : « J'ai fait un rêve pour le Web dans lequel les ordinateurs deviennent capables d'analyser toutes les données sur le Web - le contenu, les liens et les transactions entre les personnes et les ordinateurs. Un « Web sémantique », qui devrait rendre cela possible, n'est pas encore sorti, mais, quand ce sera le cas, les mécanismes d'échange au jour le jour, la bureaucratie et notre vie quotidienne seront traités par des machines qui parlent à d'autres machines. Certains nous ont vanté depuis des lustres les « agents intelligents » et cela va enfin se concrétiser ».

2.4. L'objectif du web sémantique

L'objectif primordial du Web sémantique est de permettre aux utilisateurs la manipulation de la totalité du potentiel du Web en partageant, et combinant des informations plus facilement. Pour ce faire, il faut concevoir un environnement en ligne dans lequel on réunit toutes les données de façon logique, ce qui assure la création des liens sémantiques entre ces données pour former une information ultra-pertinente, Seul compte alors le sens des données, et non plus leur place dans un document texte.

Tim Berners-Lee a exposé la hiérarchie du Web sémantique -Basé sur le XML et RDF / RDFS, et en haut de cette construction des ontologies et de règles d'inférence logique, de parfaire le processus da représentation des connaissances basé sur la sémantique et le raisonnement, qui peut être conçue par l'ordinateur et le traitement. Tim Berners-Lee illustre dans un entretien de l'UNESCO en 2000 : "J'ai un double rêve pour le Web. D'une part, je le vois devenir un moyen très puissant de coopération entre les êtres humains. Et dans un second temps, j'aimerais que ce soit les ordinateurs qui coopèrent. [...] Quand mon rêve sera réalisé, le Web sera un univers où la fantaisie de l'être humain et la logique de la machine pourront coexister pour former un mélange idéal et puissant".

2.5. les constituants du web sémantique

Pour garantir les sémantiques des informations manipulées par les utilisateurs. Le Web sémantique est composé de :

1. **Méta-données** : Par définition des données sur des données
   - ✓ Elles complètent donc l'information sur les données à un niveau d'abstraction supérieure.
   - ✓ Elles peuvent être structurées afin de décrire une ressource quelconque
   - ✓ Elles rajoutent un sens aux contenus afin de favoriser leur exploitation par des agents logiciels
2. **Ontologies** : pour la :
   - ✓ définitions des concepts
   - ✓ Modélisation des connaissances nécessaires à la description et au traitement d'un ensemble de ressources

3. **Langages** :
   - ✓ pour décrire, exploiter et raisonner sur les contenus des ressources
   - ✓ Langages de représentation de connaissances afin d'exprimer les ontologies et décrire les annotations
4. **Des moteurs de raisonnement :**
   - ✓ Encapsulés dans des systèmes de requêtes et permettant d'inférer sur les annotations d'après les axiomes déclarés dans les ontologies, afin d'interroger le Web et agir sur les réponses obtenues

2.6. Web sémantique vs web actuel

Dans le tableau suivant, on trouve une comparaison entre Web Sémantique et Web Actuel :

Web Actuel	Web Sémantique
✍ Ensemble de documents	✍ Ensemble de connaissances
✍ Basé essentiellement sur HTML	✍ Basé sur XML, RDF(S) et OWL
✍ Recherche par mots clé	✍ Recherche par concepts
✍ Utilisable par l'humain	✍ Utilisable par la machine

Tableau 1.1 comparaison entre le web actuel et le web sémantique

2.7. Modèle en couche du Web Sémantique

L'architecture du Web sémantique repose sur une hiérarchie des langages d'assertion et de description d'ontologies ainsi que sur un ensemble de services pour l'accès aux ressources au moyen de leurs références sémantiques, pour gérer l'évolution des ontologies, pour l'utilisation des moteurs d'inférences capables d'effectuer des raisonnements complexes ainsi que des services pour la vérification de la validité sémantique de ces raisonnements [Oberle04]. [Lekhchine09]

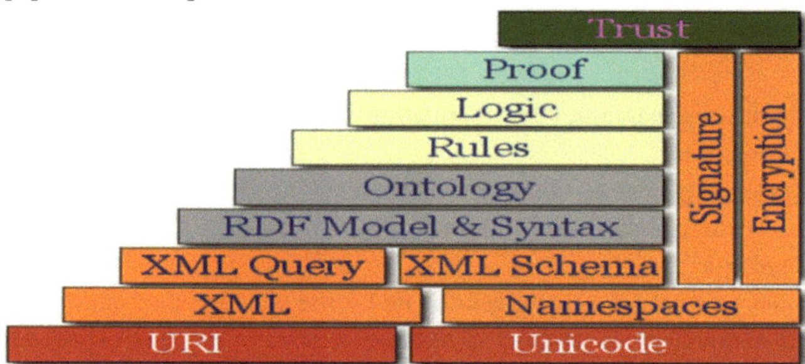

Figure 1.2. Modèle en couche du WS [W3C01]

1. Couche XML : Base syntaxique
2. Couche RDF
   - ✍ RDF : modèle de triplets pour annoter des ressources.
   - ✍ RDF Schéma : décrit le vocabulaire (ontologies) utilisé pour ces annotations
3. Couche Ontologie

- ✍ Langage plus expressif que RDF Schéma
- ✍ OWL : Standard courant pour le web : OWL sur une restriction de RDF/S
  - o OWL Lite / DL / Full
  - o Logiques de description
  - o Vérification, classification, identification
- ✍ Rules : Consiste en prémisse et une conclusion. Càd: dans toute situation où le prémisse s'applique, la conclusion doit également prise en considération.

EXERCICES SUR LE CHAPITRE 1

- ***Exercice1*** : Expliquez brièvement les limites du web classique ?
- ***Exercice2*** : Expliquez brièvement l'objectif du web sémantique.
- ***Exercice3*** : Faire la liaison entre les deux parties : historique du web sémantique.

1. 1998	**a**. Premières recherches sur la mise en place des différentes technologies du Web sémantique.
2. 1994	**b**. Tim Berners-Lee publie un livre dans lequel expose un portrait du Web et les pistes pour son avenir.
3. 1999	**C.** au CERN, lors de la première conférence WWW à Genève, a lieu l'annonce de la création du W3C. au cours de cette période, Tim Berners-Lee indique les objectifs du W3C et explique les besoins d'ajouter de la sémantique au Web futur.
4. 1997	**D**. La publication d'un premier draft de recommandations sur le Web sémantique.

- ***Exercice4*** : placez les couches du web sémantique puis les détaillez brièvement.

SOLUTIONS DES EXERCICES DU CHAPITRE1

❖ ***Exercice1 :***

« La recherche dans le web classique se base généralement sur la méthode de matching (recherche de mots clés dans des pages d'index). Par exemple, en lançant la recherche des deux expressions suivantes : « ordinateur portable » puis « laptop », nous obtenons des résultats différents alors qu'on s'attend à avoir les mêmes réponses (car les mots « ordinateur portable » et « laptop » représentent le même concept). Par ailleurs, la représentation des ressources du web classique (HTML) ne permet pas leur traitement automatisé par des agents logiciels.

❖ ***Exercice2:***

« Le Web sémantique (plus techniquement appelé « le Web de données ») permet aux machines de comprendre la sémantique, la signification de l'information sur le Web. Il étend le réseau des hyperliens entre des pages Web classiques par un réseau de lien entre données structurées permettant ainsi aux agents automatisés d'accéder plus intelligemment aux différentes sources de données contenues sur le Web et, de cette manière, d'effectuer des tâches (recherche, apprentissage, etc.) plus précises pour les utilisateurs. »

❖ ***Exercice 3 :***

(2,c) ; (4,a) ;(3,b) ;(1,d) .

❖ ***Exercice4 :***

voir section 2.7

II.

LES ONTOLOGIES : DÉFINITION, MODÉLISATION, FORMALISATION, REPRÉSENTATION, ...

Introduction

Dans cette section, nous allons détailler les points suivants : Notion d'ontologie (Définitions), Modélisation, Formalisation et représentation des ontologies.

1. NOTION D'ONTOLOGIE

Dans cette section, nous allons détailler la notion d'ontologie, en commençant par la présentation de l'origine et quelques définitions de cette notion.

1.1 Origine des Ontologies

L'arrivée de l'Ingénierie des Connaissances (IC) a été l'occasion pour l'apparition des ontologies dans le domaine de l'Intelligence Artificielle (IA), et ceci, pour répondre aux problèmes rencontrés lors de la représentation et la manipulation des connaissances dans les systèmes informatiques.

La racine du mot **ontologie** est du grec :

- ✍ **Onto** (le participe présent du verbe être) qui est l'étude de l'être en tant qu'être ;
- ✍ Et **logie** qui signifie discours.

Les ontologies ont trouvé leur origine depuis le XIXième siècle en philosophie, où ils ont défini l'ontologie comme l'étude des propriétés générales de ce qui existe. Ce qui est équivalant à l'ensemble des connaissances que l'on a sur le monde [Welty01].

1.2 Définitions Informatiques

Les ontologies sont nées du besoin de représenter les connaissances dans les systèmes informatiques, de ce fait, elles sont toujours définies par rapport au processus général de la représentation des connaissances [Fürst02]. Actuellement, différentes définitions sont offertes pour définir cette notion, mais, on trouve que la définition la plus adoptée par les chercheurs dans le domaine de (IC) est la définition de T. GRUBER :

- *«Une ontologie est une spécification explicite d'une conceptualisation»* [Gruber93].

Cette définition se base sur deux dimensions :

- ✍ Une ontologie est la conceptualisation d'un domaine, c'est-à-dire un choix de comment on définit un domaine.
- ✍ La spécification de cette conceptualisation, c'est-à-dire sa description formelle.

Alors, on ne construit pas l'ontologie qu'après que l'étape de conceptualisation soit achevée.

- Selon [Fürst02], N. Guarino [Guarino98] détaille la définition de T. Gruber en estimant les ontologies comme des spécifications partielles et formelles d'une conceptualisation : *"An engineering artefact, constituted by a specific vocabulary used to describe a certain reality, plus a set of explicit assumptions regarding the intended meaning of the vocabulary words. In the simplest case, an ontology describes a hierarchy of concepts related by subsumption relationships; in more sophisticated cases, suitable axioms are added in order to express other relationships between concepts and to constrain their intended interpretation".*

- A son tour, Studer [Studer98] définit l'ontologie comme: « *An ontologyis a formal, explicit specification of a shared conceptualization* ». Ce qui veut dire « Une ontologie est une spécification formelle et explicite d'une conceptualisation partagée ». Studer l'explique comme suit : « **Formelle** » signifie que l'ontologie est explicable par une machine (machine-readable) ; « **Spécification explicite** » désigne que les concepts, les propriétés, les relations, les fonctions, les restrictions et les axiomes de l'ontologie sont définis de façon déclarative ; « **Partagé** » indique que l'ontologie prend la connaissance consensuelle (partagée par une communauté) ; « **Conceptualisation** » ce concept désigne l'abstraction d'un phénomène réel, l'ensemble des concepts importants qui caractérisent un domaine, et les points de vue d'une perception limitée du monde.

- Selon [Fürst02], on doit avoir la possibilité de construire une modélisation préliminaire semi-formelle et relativement cohérente qui correspond à une conceptualisation semi-formalisée. Donc, l'ontologie construite au cours de cette étape est une ontologie conceptuelle et semi-formelle, et le processus de spécification en question est appelé *ontologisation* [Kassel00]. Dans tous les cas, il est indispensable de traduire cette ontologie dans un langage opérationnel et formel de représentation de connaissances, pour qu'elle soit utilisable par une machine. Par conséquent, une ontologie n'est pas opérationnelle, si elle ne contient pas de mécanismes de raisonnement, n'a pas la possibilité de représenter les différents types de connaissances (connaissances terminologiques, faits, règles et contraintes) et ne peut pas manipuler ces connaissances à travers des mécanismes adaptés à l'objectif opérationnel du système conçu. Ce processus de traduction est appelé *opérationnalisation*. (Voir Figure 2.1)

Le processus général de représentation des connaissances se compose de 3 phases :

- **La conceptualisation :** cette étape consiste à identifier des connaissances contenues dans un corpus représentatif du domaine. Ce travail doit être effectué par un expert du domaine, assisté par un ingénieur de la connaissance ;
- **L'ontologisation :** cette étape consiste à formaliser, autant que possible, du modèle conceptuel obtenu à l'étape précédente. Ce travail doit être effectué par l'ingénieur de la connaissance, assisté de l'expert du domaine ;
- **L'opérationalisation :** cette étape consiste à traduire l'ontologie dans un langage opérationnel et formel de représentation de connaissances. Ce travail doit être réalisé par l'ingénieur de la connaissance.

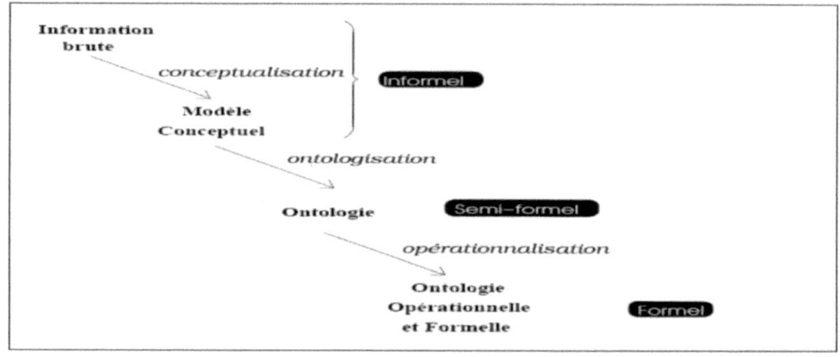

Figure 2.1. Construction d'une ontologie opérationnelle [Fürst02]

En conclusion, une ontologie repose sur des définitions précises de concepts d'un domaine et de leurs relations. Ces définitions sont essentiellement acceptables et partageables par les utilisateurs et interprétables par des machines. Les constituantes de base de conception d'ontologie incluent :

- des classes ou des concepts,
- les propriétés de chaque concept définissant des caractéristiques diverses et les attributs du concept.

2. MODELISATION DES ONTOLOGIES

2.1. Le cycle de vie des ontologies :

Le cycle de vie comprend (voir figure 2.2) :

- ✓ Une étape initiale d'évaluation des besoins,
- ✓ Une étape de construction,
- ✓ Une étape de diffusion,
- ✓ Une étape d'utilisation.

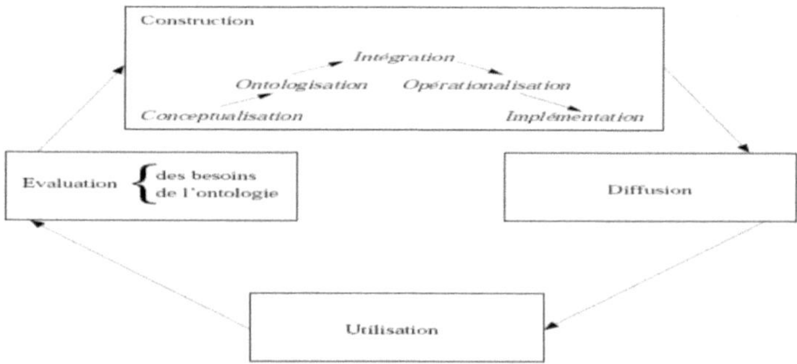

Figure 2.2. Le cycle de vie d'une ontologie [Fürst02]

Après chaque utilisation significative, l'ontologie et les besoins sont réévalués et l'ontologie peut être étendue et, si nécessaire, en partie reconstruite.
La phase de construction peut être décomposée en 3 étapes :

- ✓ Conceptualisation,
- ✓ Ontologisation,
- ✓ Opérationalisation

L'étape d'ontologisation peut être complétée d'une étape d'intégration au cours de laquelle une ou plusieurs ontologies vont être importées dans l'ontologie à construire.

2.2. METHODES DE CONSTRUCTION D'ONTOLOGIE

La phase de création d'ontologies est un processus compliqué et il n'y a pas également des règles ou des moyens consensuels en IC (Ingénierie des Connaissances). Malgré cela, plusieurs travaux ont proposé des méthodes et des moyens pour construire des ontologies. Dans cette section, nous allons montrer les méthodes de construction des ontologies les plus utilisées, Parmi ces méthodes on trouve : *ENTEREPRISE Ontology* [Uschold95], *TOVE* [Gruninger95], *METHONTOLOGY* [Fernandez97] et *OTK* « OnToKnowledge » [Staab01].

2.2.1 ENTERPRISE : Uschold et King's [Uschold95] ont proposé un prototype d'une méthode fondée sur l'expérience de construction d'ontologies dans le domaine de la gestion des entreprises. De ce fait, la méthode ENTERPRISE s'appuie sur les quatre étapes suivantes: (1) la définition du rôle et la portée de l'ontologie. (2) l'identification des concepts et des relations essentielles et des définitions temporaires de ces éléments, codage de l'ontologie dans un langage adapté, l'intégration des ontologies existantes, dans cette étape, l'ontologie est effectivement bâtie. (3) l'évaluation de l'ontologie. (4) la rédaction d'une documentation et une trace des actions accomplies lors des distinctes étapes.

2.2.2 TOVE : La méthode de Grüninger et Fox [Grüninger95] est basée sur l'expérience du déploiement de l'ontologie du projet TOVE (TOrento Virtual Enterprise). Elle conduit à la construction d'un modèle logique de connaissances. Le développement de l'ontologie suit ces étapes: (1) La prise des scénarios de motivation. (2) La formulation des interrogations de capacités informelles. (3) La définition de la terminologie de l'ontologie. (4) L'évaluation de la finalisation de l'ontologie. La méthode TOVE reste spécifiée de façon abstraite, les distinctes étapes et les moyens ne sont pas exposés en détail.

2.2.3 METHONTOLOGY *: METHONTOLOGY* [Fernandez97] a été déployée au sein du laboratoire d'IA de l'université de Madrid. Son objectif principal est de construire des ontologies au niveau de connaissances. La motivation de ce projet est justifiée par l'inexistence de méthodes ou de guides structurés, ce qui, a conduit à une difficulté remarquable dans le processus de construction des ontologies consensuelles et partagées. De plus, une difficulté pour l'obtention d'une extension pour une ontologie existante ou de la réutiliser par d'autres ontologies. L'approche METHONTOLOGY contient les étapes suivantes [Fernandez97] :

- ✍ *Spécification:* cette étape a pour objectif d'entourer le champ de l'étude de l'ontologie ainsi que son domaine. Pour cela, il faut poser certaines questions sur : le domaine de l'ontologie, ses objectifs, son utilisation et sa maintenance.
- ✍ *Conceptualisation:* cette étape a pour but l'identification et la structuration des connaissances du domaine, par l'utilisation d'un ensemble de représentations intermédiaires semi-formelles (des tables et des graphes), simples et faciles à utiliser et à comprendre par les experts du domaine.

- ✍ *Implémentation:* dans cette étape, nous allons formaliser la conceptualisation acquise dans l'étape précédente en utilisant un formalisme de représentation d'ontologie, par la suite il faut coder l'ontologie dans un langage d'ontologie formel. La Figure 2.3 résume ces étapes :

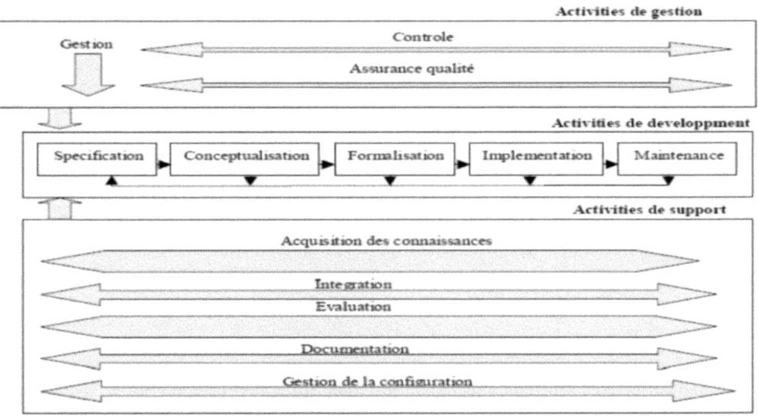

Figure 2.3 : Cycle de vie d'une ontologie dans Methontology [Fernandez97].

2.2.4 OTK : *OTK* (On-To-Knowledge) [Staab01] est un projet qui a proposé l'application des ontologies aux informations et ressources textuelles disponibles sur internet, extranet et en intranet. Le but était d'améliorer la qualité de la gestion de la connaissance dans les organisations distantes. Elle englobe cinq étapes : (1) l'étude de faisabilité, (2) la description des spécifications des besoins, (3) l'affinement, (4) l'évaluation, (5) et la maintenance.

En fin, pour montrer l'apport de chaque méthode, nous nous sommes référés à une étude comparative faite dans [Keita07]. La table 2.1 donne un résumé de cette étude comparatif accomplie sur toutes les méthodologies précédentes.

Table 2.1 : Comparaison des méthodes de développement des ontologies [Keita07].

Critères de comparaison	TOVE	ENTERPRISE	METHONTOLOGY	OTK
Spécification	++	+	++	++
Acquisition de connaissances	+	+	++	++
Conceptualisation	++	-	++	+
Formalisation	++	-	++	++
Evaluation	+	+	++	+
Outils support	Pas d'outils spécifiques	Pas d'outils spécifiques	ODE, WebODE, OntoEdit, Protégé-2000	OntoEdit avec ses plug-ins

D'après la table précédente, nous remarquons que METHONTOLOGY est l'approche qui satisfait tous les critères de comparaison. La plupart des approches ont donné une importance aux activités de développement et l'implémentation de l'ontologie, elles ont négligé d'autres activités importantes liées à la gestion, à l'évolution et à l'évaluation des ontologies. Par ailleurs, la plupart des approches sont très spécifiques et leurs utilisations sont réduites chacune, à un domaine unique.

Aussi, la plupart des approches ne disposent pas d'outil spécifique qui leur donne le support technique. De plus, aucun des outils disponibles ne couvre toutes les activités nécessaires dans la construction d'ontologie. Toutefois, METHONTOGOLY semble la plus efficace parmi toutes les méthodes proposées.

3. FORMALISATION DES ONTOLOGIES : FORMALISMES DE REPRESENTATION

La représentation efficace des connaissances liées à un domaine spécifique admet la définition et le codage des entités de ce domaine dont l'objectif de les rendre compréhensible par une machine, et ceci, pour faciliter le processus de raisonnement [Lekhchine09]. Pour ce faire, plusieurs formalismes ont vu le jour par L'IA. Les plus connus sont : Les frames, Les graphes conceptuels et les logiques de description.

3.1 Frames : Ce formalisme a été proposé par M. Minsky [Minsky75]. La structure de données enregistrement de ce formalisme définie une situation et un objet. Pour ce formalisme, l'idée était de collecter toutes les informations essentielles qui correspondent à une situation et de les mettre sous forme d'une structure appelée *frame*. Certains auteurs, par exemple Hayes [Hayes79], ont constaté l'inexistence d'une sémantique formelle dans ce formalisme et ont exposé qu'une fois correctement formalisé, ce formalisme est une forme syntaxique de la logique de prédicat du premier ordre. GRUBER [Gruber95] était parmi les premiers ayant considéré ce formalisme comme langage de représentation d'ontologies. Le principe de ce modèle est de diviser les connaissances d'un domaine en classes (frames) qui représentent les concepts du domaine. À un frame est lié un ensemble d'attributs (slots), chaque attribut peut prendre ses valeurs parmi un ensemble de facettes.

Exemple de frame :

```
Résultat-étudiant (
sorte-de $valeur        objet
note       $un          entier
           $intervalle  [ 0 10 ]
mention $un             chaine
          $domaine      "Très bien" "bien" "assez bien"
                        "passable" "ajourné"
année-cursus  $un entier )
```

3.2 Graphes Conceptuels : au début des années 80, J. SOWA [Sowa84] a proposé le modèle des Graphes Conceptuels (GC). Le GC est un modèle opérationnel de représentation de connaissances qui fait partie de la famille des réseaux sémantiques. Ce dernier est développé par M. Quillian [Quillian68] pour représenter la sémantique du langage naturel. Ce formalisme possède une représentation de graphe où les nœuds définissent des concepts et des individus. Ces nœuds sont reliés par des arcs étiquetés. Il y a deux sortes d'arcs : les arcs de propriété qui attribuent les propriétés à des concepts ou à des individus et les arcs IS-A qui représentent les relations hiérarchiques entre des concepts ou entre des individus. Coté mathématique, le modèle des GCs est basé sur la logique et la théorie des graphes [Sowa84]. Il est divisé en deux parties: une partie terminologique destinée au vocabulaire conceptuel des connaissances à représenter et une partie assertionnelle destinée à la représentation des assertions du domaine de connaissance en question.

Exemple de GC :

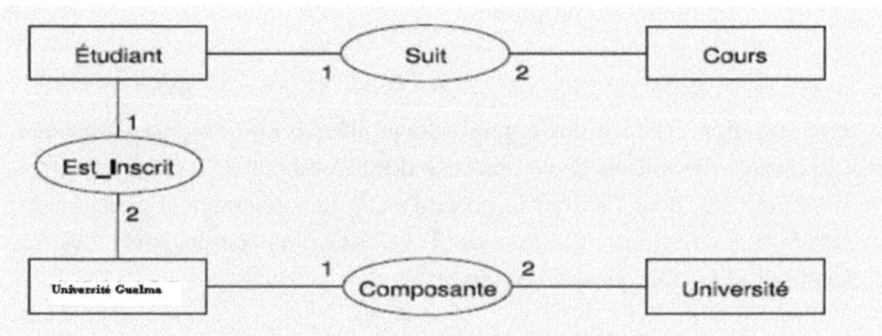

Figure 2.4: exemple d'un graphe conceptuel.

3.3 Logique De Description (LD) : la LD a pour objectif de minimiser les temps de réponse. De ce fait, plusieurs travaux ont été publiés, de nombreuses recherches qui s'intéressent à l'étude du rapport expressivité/performance des différentes LDs [Nardi03]. Dans ce qui suit, nous allons voir, un peu d'historique sur les LDs, Les deux niveaux de description et le processus d'inférence.

3.3.1 Historique

L'évolution et l'utilisation des LDs ont agi négativement sur les travaux concernant les autres formalismes : la logique des prédicats, les schémas (frames) [Minsky81] et les réseaux sémantiques, malgré l'existence de plusieurs correspondances entre les LDs et ces formalismes [Sattler03].

Au début des années 1980, et avec l'apparition des systèmes à base de connaissances tels que KL-ONE, BACK et LOOM [Baader03b, Nardi03], les premiers travaux sur les LDs ont vu le jour. Tandis que, les années 1990 était la période de naissance d'une nouvelle classe d'algorithmes, tel que : les algorithmes de vérification de satisfiabilité à base de tableaux, qui ont pour objectif le raisonnent sur des LDs dites *expressives* ou *très expressives*, mais en temps *exponentiel*.

Néanmoins, en pratique, *le comportement* des algorithmes est souvent acceptable [Baader03b]. L'expressivité augmentée a permis l'apparition de nouvelles applications telles que le Web sémantique [Baader03b, Zou04, Horrocks03].

3.3.2 Les deux niveaux de description

Pour assurer une modélisation des connaissances d'un domaine en utilisant les LDs, il faut tenir compte les deux niveaux de cette logique. Le premier niveau est le niveau terminologique ou TBox qui a pour objectif la définition des connaissances générales d'un domaine, cependant, le deuxième niveau c'est le niveau assertionnel ou ABox représentant une instanciation propre à un domaine donné.

Une TBox décrit des concepts et des rôles, alors qu'une ABox définit les individus en appelant et en indiquant en termes de concepts et de rôles, des assertions portant sur ces individus nommés [Nardi03]. (Voir la table 2.2)

Table2.2 : Une base de connaissances composée d'une TBox et d'une ABox [Lekhchine09]

TBox	ABox
Femelle ⊑⊤⊓¬Mâle	Humain(Anne)
Mâle ⊑⊤⊓¬Femelle	Femelle(Anne)
Animal ≡ Mâle ⊔Femelle	Femme(Sophie)
Humain ⊑Animal	Humain(Robert)
Femme ≡ Humain ⊓Femelle	¬Femelle(Robert)
Homme ≡ Humain ⊓¬Femelle	Homme(David)
Mère ≡ Femme ⊓∃relationParentEnfant	relationParentEnfant(Sophie, Anne)
Père ≡ Homme ⊓∃relationParentEnfant	relationParentEnfant(Robert, David)
MèreSansFille≡ Mère ⊓∀relationParentEnfant.	
¬Femme	
relationParentEnfant ⊑⊤R	

3.3.2.1 Le niveau terminologique (TBox)

Une TBox est composée des concepts atomiques et rôles atomiques des entités d'un domaine. Cette TBox est caractérisée par une notation, tel que, Les noms commençants par une lettre majuscule désignent les concepts, tandis que, les rôles commencent par une lettre minuscule (par *exemple* : les concepts *Homme*, *Femme*, et le rôle *relationParentEnfant)*. [Nardi03].

3.3.2.2 Le niveau assertionnel (ABox)

Les assertions possibles sur les individus composent les éléments d'une ABox, qui doit être associée à une TBox, car les assertions se formulent en se référant aux concepts et rôles de la TBox. Une ABox définit des individus déterminés par des assertions d'individus nommés.

Une assertion de rôle sous la forme *R(a, b)* montre que pour cette ABox, il existe un individu nommé *a* qui est en liaison avec un individu nommé *b* par le rôle *R* (défini .dans la TBox associée). (par exemple : Femelle(Anne), Humain(Anne))[Nardi03].

3.3.3 L'inférence

Le processus d'inférence ou de raisonnement est fait sur les deux niveaux précédents, terminologiques ou assertionnel (factuel) :

- L'inférence au niveau terminologique couvre quatre principaux problèmes [Baader03a] :
    - ✓ la Subsomption,
    - ✓ la satisfiabilité,
    - ✓ la disjonction,
    - ✓ et l'équivalence.

- L'inférence au niveau assertionnel couvre aussi quatre principaux problèmes [Baader03a] :
    - ✓ la Cohérence,
    - ✓ La vérification de rôle,
    - ✓ la vérification d'instance,
    - ✓ et le problème de récupération.

EXERCICES SUR LE CHAPITRE 2

- ***Exercice1*** : selon les définitions de l'ontologie, quelle est la définition la plus complète ? Et pourquoi ?

- ***Exercice2*** **:** Décrivez brièvement les étapes d'une construction d'ontologie. Quelle est l'étape la plus longue ? Pourquoi ?

- ***Exercice3:*** tracer un tableau comparatif des méthodes de construction des ontologies selon les définitions vues en cours.

- ***Exercice4*** : Représentez les faits suivants en LD :

  1. Les Etudiants et les Professeurs sont des Personnes.
  2. Les seules Personnes qui existent dans notre base de connaissances sont des Professeurs et des Etudiants.
  3. Marie est une personne qui n'aime que les Personnes qui n'aiment pas le Fromage.

- ***Exercice5 :***

  Voici un extrait d'une ontologie touristique :

```
<owl:Class rdf:ID="Activite"/>
<owl:Class rdf:ID="ActiviteSportive">
   <rdfs:subClassOf rdf:resource="#Activite"/>
</owl:Class>
<owl:Class rdf:ID="SejourActif">
 <owl:equivalentClass>
  <owl:Restriction>
     <owl:someValuesFrom rdf:resource="#Activite"/>
     <owl:onProperty>
        <owl:ObjectProperty rdf:ID="activites"/>
     </owl:onProperty>
  </owl:Restriction>
 </owl:equivalentClass>
</owl:Class>
<owl:Class rdf:ID="SejourSportif">
 <owl:equivalentClass>
   <owl:Restriction>
    <owl:onProperty rdf:resource="#activites"/>
    <owl:allValuesFrom rdf:resource="#ActiviteSportive"/>
   </owl:Restriction>
 </owl:equivalentClass>
</owl:Class>
```

Question:

1) Représentez cette ontologie sous forme d'expressions d'une logique de description (TBox).
2) Dessinez le diagramme de classe de cette ontologie.

❖ ***Exercice 6 :*** Voici une terminologie (TBox) :

$$Vache \sqsubseteq Animal \sqcap Vegetarien$$
$$Mouton \sqsubseteq Animal$$
$$Cochon \sqsubseteq Animal$$
$$Vegetarien \equiv \forall mange.\neg Animal$$
$$VacheFolle \equiv Vache \sqcap \exists mange.Mouton$$

Questions :

1- Donnez l'extrait OWL de cette TBox.
2- Dessiner le diagramme de classes de cette ontologie.

SOLUTIONS DES EXERCICES SUR LE CHAPITRE 2

❖ ***Exercice1 :***

- *«Une ontologie est une spécification explicite d'une conceptualisation»* [Gruber93].

Cette définition se base sur deux dimensions :

- Une ontologie est la conceptualisation d'un domaine, c'est-à-dire un choix de comment on définit un domaine.
- La spécification de cette conceptualisation, c'est-à-dire sa description formelle.

Alors, on ne construit pas l'ontologie qu'après que l'étape de conceptualisation soit achevée

❖ ***Exercice 2:*** Les étapes d'une construction d'ontologie sont :

1. ***Etape de spécification*** *:* doit permettre de "cadrer" le domaine d'application de l'ontologie projeté en recensant toutes les questions à prendre en charge lors de la conception.
2. ***Etape de l'acquisition des connaissances*** **:** C'est une étape où on doit faire des choix de conception et des choix techniques nécessaires pour la construction de l'ontologie.
3. ***Etape de la formalisation*** : Il s'agit de formaliser la description de l'ontologie (Coder l'ontologie dans un langage formel).
4. ***Etape de Validation*** : Il s'agit de vérifier la bonne construction de l'ontologie (valider la taxinomie, Tester l'application)
5. ***Etape de documentation :*** Il s'agit de documenter le projet de l'ontologie.

L'étape la plus longue est l'étape d'acquisition des connaissances car elle exige du concepteur une immersion dans le domaine d'étude pendant plusieurs semaines (ou mois).

❖ ***Exercice 3 :*** Table 2.1 : Comparaison des méthodes de développement des ontologies [Keita07].

Critères de comparaison	TOVE	ENTERPRISE	METHONTOLOGY	OTK
Spécification	++	+	++	++
Acquisition de connaissances	+	+	++	++
Conceptualisation	++	-	++	+
Formalisation	++	-	++	++
Evaluation	+	+	++	+
Outils support	Pas d'outils spécifiques	Pas d'outils spécifiques	ODE, WebODE, OntoEdit, Protégé-2000	OntoEdit avec ses plug-ins

❖ ***Exercice 4 :***

✓ Les Etudiants et les Professeurs sont des Personnes :

$$\textit{Etudiant} \sqsubseteq \textit{Personne}$$
$$\textit{Professeur} \sqsubseteq \textit{Personne}$$

```
<rdfs:Class rdf:ID="Etudiant">
    <rdfs:subClassOf rdf:resource="#Personne"/>
</rdfs:Class>
<rdfs:Class rdf:ID="Professeur">
    <rdfs:subClassOf rdf:resource="#Personne"/>
</rdfs:Class>
```

✓ Les seules Personnes qui existent dans notre base de connaissances sont des Professeurs et des Etudiants

$$\textit{Personne} \equiv \textit{Professeur} \sqcup \textit{Etudiant}$$

```
<rdfs:Class rdf:ID="Personne">
   <owl:equivalentClass>
         <owl:unionOf rdf:parseType="Collection">
              <owl:Class rdf:about ="#Professeur"/>
              <owl:Class rdf:about ="#Etudiant"/>
         </owl:unionOf >
   </owl:equivalentClass>
</rdfs:Class rdf:ID="Personne">
```

✓ Marie est une personne qui n'aime que les Personnes qui n'aiment pas le Fromage

$$D \equiv \textit{Personne} \sqcap \forall \textit{aime}.(\textit{Personne} \sqcap \forall \textit{aime}.\neg \textit{Fromage})$$
$$D(\textit{Marie})$$

```
<owl:Class rdf:ID="D">
     <owl:intersectionOf rdf:parseType="Collection">
          <owl:Class rdf:about ="#Personne"/>
          <owl:Restriction>
               <owl:onProperty rdf:resource="#aime"/>
               <owl:AllValuesFrom>
                    <owl:intersectionOf rdf:parseType="collection">
                         <owl:Class rdf:about="#Personne"/>
                         <owl:Restriction>
                              <owl:onProperty rdf:resource="#aime"/>
                              <owl:AllValuesFrom>
                                   <owl:Class>
                                     <owl:complementOf rdf:resource="#Fromage"/>
                                   </owl:Class>
                              <owl:AllValuesFrom>
                         <owl:Restriction>
                    <owl:intersectionOf>
               <owl:AllValuesFrom>
          <owl:Restriction>
     <owl:intersectionOf>
<owl:Class>
                    <!--////////////////////////////////////////
                                   Individuals
                    ////////////////////////////////////////-->
<owl:Thing rdf:about="http://www.site.com/#Marie"/>
      <rdf:type rdf:resource="#D"/>
<owl:Thing>
```

❖ ***Exercice 5 :***

1)

$$ActiviteSportive \sqsubseteq Activite$$

$$SejourSportif \equiv \forall activites.ActiviteSportive$$

$$SejourActif \equiv \exists activites.Activite$$

2) Diagramme de classe :

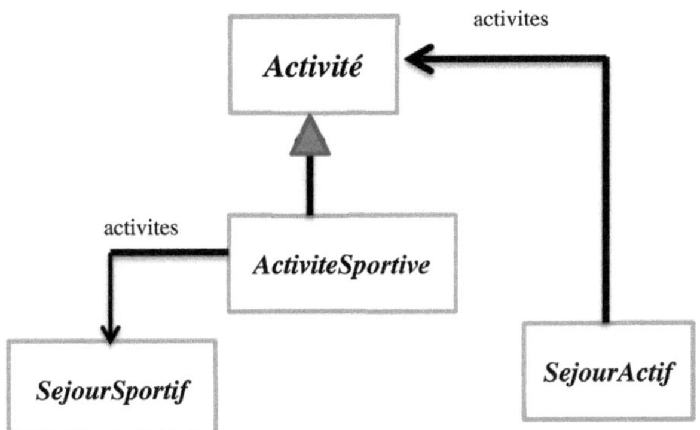

III.

STRUCTURE, TAXONOMIE DES DOMAINES ET CLASSIFICATION DES ONTOLOGIES

Introduction

Ce chapitre présente les points suivants : structure d'une ontologie, la taxonomie des domaines des ontologies et la classification des ontologies

1. Structure d'une ontologie: Les constituants d'une ontologie

Cette section présente les constituants d'une ontologie, à savoir : les concepts, les relations, les axiomes et les instances. Dans ce qui suit, nous allons détailler chaque constituant.

1.1. Les Concepts

Un concept peut définir une idée, un objet matériel et une notion [Uschold95]. Un concept peut être fragmenté en trois parties :

- ✍ Un terme (ou plusieurs).
- ✍ Une notion : appelée aussi intention du concept, comprend la sémantique du concept, formulée sous la forme de *propriétés* et d'attributs, de contraintes et de règles.
- ✍ L'ensemble d'objets, appelé aussi extension du concept, englobe les objets maniés à travers le concept ; ce sont les *instances* du concept.

Exemple1 :
Le terme « Lion» nous fournit en même temps la notion d'objet de type « Animal » possédant un corps et quatre pieds, et à l'ensemble des objets de ce type.

Exemple2 :
Le terme « table » renvoie à la fois à la notion de table comme objet de type « meuble » possédant un plateau et des pieds, et à l'ensemble des objets de ce type.

Exemple 3:

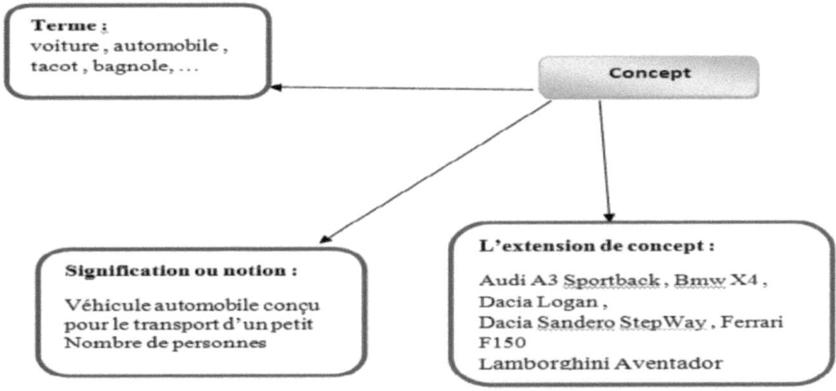

Figure 3.1. Les composants d'un concept

Les concepts formant une ontologie sont distinctifs selon les types suivants :

- ✍ **des connaissances de composition,**
  - *Par exemple* :
    - ✓ en médecine (catégories anatomiques),
    - ✓ en chimie (catégories d'éléments)
    - ✓ et en production (catégories de pièces) etc. ;
- ✍ **des définitions complètes,**
  - *Par exemple* :
    - ✓ une personne est un client dans le cas où il passe aux moins une commande qui contient des produits proposés par l'entreprise ;
- ✍ **des contraintes d'intégrité,**
  - *Par exemple* :
    - ✓ un étudiant possède un numéro unique dans l'ensemble des numéros de l'université ;
- ✍ **des fonctions de calcul,**
  - *Par exemple* **:**
    - ✓ La glycémie normale à jeun est comprise entre à 0,70 grammes/L à 1,10 grammes/L. La glycémie après un repas oscille entre 1 et 1,4 g/L deux heures après un repas ;
- ✍ **des propriétés algébriques,**
  - *Par exemple* :
    - ✓ la relation « est-remplacée -par» est symétrique, cela signifie que si la machine X est remplacée par la machine Y, alors le système peut aussi inférer que la machine Y peut être aussi remplacée par la machine X, et vice-versa ;
- ✍ **des connaissances par défaut,**
  - *Par exemple*:
    - ✓ par défaut un animal a quatre pieds;

Selon [Fürst02] :

- un concept peut posséder les propriétés suivantes :
  - ✓ **la généricité :** un concept est générique s'il n'admet pas d'extension.
    - *Par exemple*: la vérité est un concept générique ;
  - ✓ **l'identité :** (propriété proposée par N. GUARINO) un concept porte une propriété d'identité si cette propriété permet de conclure quant à l'identité de deux instances de ce concept. Cette propriété peut porter sur des attributs du concept ou sur d'autres concepts.
    - *Par exemple :* le concept d'étudiant porte une propriété d'identité liée au numéro de l'étudiant, deux étudiants étant identiques s'ils ont le même numéro ;
  - ✓ **la rigidité :** (propriété proposée par N. GUARINO) un concept est rigide si toute instance de ce concept en reste instance dans tous les mondes possibles.

- *Par exemple*: humain est un concept rigide, étudiant est un concept non rigide ;

✓ **l'anti-rigidité :** (propriété proposée par N. GUARINO) un concept est anti-rigide si toute instance de ce concept est essentiellement définie par son appartenance à l'extension d'un autre concept.

- *Par exemple* : étudiant est un concept anti-rigide car l'étudiant est avant tout un humain ;

✓ **l'unité :** (propriété proposée par N. GUARINO) un concept est un concept unité si, pour chacune de ses instances, les différentes parties de l'instance sont liées par une relation qui ne lie pas d'autres instances de concepts.

- *Par exemple* : les deux parties d'un couteau, manche et lame sont liées par une relation « emmanché » qui ne lie que cette lame et ce manche.

➕ Les propriétés supportant sur deux concepts sont :

✓ **l'équivalence :** deux concepts sont équivalents s'ils ont même extension.

- *Par exemple*: étoile du matin et étoile du soir ;

✓ **la disjonction :** (on parle aussi d'incompatibilité) deux concepts sont disjoints si leurs extensions sont disjointes.

- *Par exemple*: homme et femme ;

✓ **la dépendance :** (propriété proposée par GUARINO) un concept C1 est dépendant d'un concept C2 si pour toute instance de C1 il existe une instance de C2 qui ne soit ni partie ni constituant de l'instance de C2.

- *Par exemple*: parent est un concept dépendant de enfant (et vice-versa).

1.2. Les relations

Une relation assure la liaison entre les instances d'un concept, ou des concepts génériques. On écrit : R : C1× C2× … ×Cn par exemple : sous-classe-de (Spécialisation, généralisation), partie-de (agrégation ou composition), associée-à, instance-de sont des exemples de relations binaires.
Elles sont caractérisées par :

✍ <u>un terme</u> (voire plusieurs).

✍ <u>une signature</u> qui définit le nombre d'instances de concepts que la relation lie.

✍ <u>*leurs types et l'ordre des concepts*</u>, ce que veut dire la manière dont la relation doit être lue. *Par exemple*, la relation « parent-de » lie une instance du concept « parant » et une instance du concept « fils », dans cet ordre.

Selon [FÜRST02],

➕ Les propriétés intrinsèques à une relation sont : les propriétés algébriques, la cardinalité

✍ **les propriétés algébriques :** symétrie, réflexivité, transitivité ;

- ✍ **la cardinalité :** nombre possible de relations de ce type entre les mêmes concepts (ou instances de concept).Les relations portant une cardinalité représentent souvent des attributs.
  - *Par exemple* : une pièce a au moins une porte, un humain a entre zéro et deux jambes.

- Les propriétés liant deux relations sont : l'incompatibilité, l'inverse, l'exclusivité
  - ✍ **L'inverse** : Deux relations binaires sont inverses l'une de l'autre si, quand l'une lie deux instances I1 et I2, l'autre lie I2 et I1.
    - *Par exemple* : les relations « a pour père » et « a pour enfant » sont inverses l'une de l'autre ;
  - ✍ **L'incompatibilité** : Deux relations sont incompatibles si elles ne peuvent lier les mêmes instances de concepts.
    - *Par exemple* : les relations «être rouge » et «être vert » sont incompatibles ;
  - ✍ **L'exclusivité** : Deux relations sont exclusives si, quand l'une lie des instances de concepts, l'autre ne lie pas ces instances, et vice-versa. L'exclusivité entraîne l'incompatibilité.
    - *Par exemple*: l'appartenance et le non appartenance sont exclusives.

- Les propriétés liant une relation et des concepts sont :
  - ✍ **le lien relationnel :** (propriété proposée par G. KASSEL) il existe un lien relationnel entre une relation R et deux concepts C1 et C2 si, pour tout couple d'instances des concepts C1 et C2, il existe une relation de type R qui lie les deux instances de C1 et C2. Un lien relationnel peut en outre être contraint par une propriété de cardinalité, ou porter directement sur une instance de concept [KAS 00].
    - *Par exemple*: il existe un lien relationnel entre les concepts « texte » et « auteur » d'une part et la relation « a pour auteur » d'autre part ;
  - ✍ **la restriction de relation :** (propriété proposée par G. KASSEL) pour tout concept de type C1, et toute relation de type R liant C1, les autres concepts liés par la relation sont d'un type imposé.
    - *Par exemple*: si la relation « mange » portant sur une « personne » et un « aliment » lie une instance de « végétarien », concept subsumé par « personne », l'instance de « aliment » est forcément instance de « végétaux ».

En conclusion et selon [Fürst02], « les propriétés des concepts et relations accomplissent la sémantique différentielle de l'ontologie, au sens où elles soutiennent la précision des liens et la différences entre les primitives cognitives du domaine de connaissance ».

1.3. Les axiomes (règles)

Selon [Fürst02], Les axiomes sont utilisés pour définir les assertions de l'ontologie qui seront pris après comme vrais. Cette détermination a pour objectif de décrire les significations des composants d'ontologie, les arguments de relations et les contraintes sur les valeurs des attributs. Par exemple : oncle(x,y) →frère(x,z)^père(z,y).

1.4. Les instances

L'individu est une instance de concept, autrement dit, c'est l'élément décrit par le concept, par exemple les individus Houssem et Nour sont des occurrences du concept Personne.

2. UNE TAXONOMIE DES DOMAINES D'ONTOLOGIES

A heure actuel, les ontologies sont utilisées presque dans tous les domaines de l'ingénierie des connaissances. Dans cette section, nous allons présenter quelques domaines d'utilisation des ontologies, à savoir : la communication, l'ingénierie des systèmes, le web sémantique et la sensibilité au contexte.

2.1. La communication

L'utilisation d'ontologie peut mener à bien une communication, et ceci, grâce à la spécification explicite que l'ontologie offre pour un domaine, qui est représenté par un modèle normatif. En plus, les ontologies assurent la consistante et éliminent l'ambiguïté dans les représentations des connaissances appartenant à un domaine spécifique. Enfin, les ontologies prennent en considérations les distinctes perspectives des utilisateurs. Quand les utilisateurs (qui ont différentes perspectives d'un domaine) partagent une ontologie, ils ont une perspective standard [Driouche07].

2.2. L'Ingénierie des Systèmes

Le déploiement des systèmes à base d'ontologies a défini un profit à l'ingénierie de systèmes qu'on peut le résumé comme suit :

(1) ***La réutilisabilité*:** car l'objectif d'une ontologie est la codification des informations spécifiques à un domaine d'une manière qui assure le partage et la réutilisation.

(2) ***l'acquisition des connaissances***: l'ontologie mène à bien l'acquisition des connaissances.

(3) ***la Sûreté***: l'ontologie facilite l'automatisation du processus de vérification de la consistance.

(4) ***Spécification**:* l'ontologie assiste le processus de définitions des exigences et la définition des spécifications des systèmes [Uschold96].

2.3. Le Web sémantique

Le Web constitue un terrain idéal d'application des ontologies considérées en tant que spécifications partagées de connaissances, les pages Web représentant une masse de connaissances aussi énorme que disparate. Cette masse augmente sans cesse ainsi que le nombre d'utilisateurs qui veulent pouvoir trouver facilement les informations qu'ils y recherchent.

L'éventail des thèmes traités dans les différentes pages Web est tel qu'une recherche syntaxique par mot-clés retourne quasi systématiquement des pages qui ne portent pas toutes sur le même domaine de connaissances. L'exploitation efficace des ressources du Web suppose donc que les moteurs de recherche puissent accéder à la thématique de chaque page, et à son sens [Fürst02].

2.4. Les Ontologies dans Les Systèmes Sensibles Au Contexte

Pour ces systèmes les ontologies sont utilisées pour la modélisation du contexte dont ils sont sensibles. L'avantage de l'utilisation des ontologies réside dans les caractéristiques même de ces derniers, qui offrent non seulement le moyen de faire des descriptions sémantiques en modélisant le contexte, mais aussi de raisonner sur les données décrites. Et aussi, les ontologies sont caractérisées par une possibilité d'extension et de partage des données.

3. Classifications des ontologies

Cette section présente la manière de classifier les ontologies. Dans la littérature, on trouve beaucoup de travaux qui ont proposé différents critères pour classifier une ontologie. Dans la suite, nous allons exposer quelques exemples :

- Selon [Uschold96], les ontologies varient selon trois axes :
  - (1) ***le degré de formalisme de la représentation de connaissances***: qui est sélectionné selon les contextes d'utilisation des ontologies, et ça pour éviter la contredit qui peut survenir entre, d'une part, la nécessité de formaliser qui est lié au partage des connaissances et à la réutilisabilité, et, d'autre part, l'obligation de construire une ontologie lisible pour les utilisateurs.
  - **(2) *l'objectif opérationnel :*** qui représente l'interopérabilité entre les systèmes, la communication entre les utilisateurs, la résolution de problèmes et l'utilisation par un problème d'ingénierie comme la réutilisabilité de composants.
  - **(3) *et le sujet*** : qui est composé du domaine de connaissance, les connaissances d'inférence et les connaissances attachées au modèle de représentation.

- A son tour [Gómez-Pérez04] a distingué deux classes d'ontologie, les ontologies légères (*lightweight ontologies)* et les ontologies lourdes (*heavyweight ontologies*). Il les définit comme suit:

  (1) ***Les ontologies légères** :* qui incluent des concepts englobant des propriétés organisées en taxonomies avec des relations conceptuelles
    - *Par exemple* : *Yahoo! Directory*;

  (2) ***Les ontologies lourdes** : qui* ajoutent aux ontologies légères des règles (axiomes) et des conditions (restrictions) pour éclaircir le sens. Les ontologies lourdes modélisent un domaine de manière plus profonde avec plus de restrictions basées sur la sémantique du domaine.

- [Gómez-Pérez04] a proposé, à son tour, une classification où les ontologies sont classées selon deux critères:
  - **(1)** la quantité et le type de structure dans la conceptualisation,
  - **(2)** le sujet de la conceptualisation

Comme suit :

- ***Ontologies de représentation de connaissances*** : qui modélisent les représentations fondamentales utilisées pour la formalisation des connaissances sous un modèle donné.

- ***Ontologies générales ou communes*** : qui modélisent les connaissances de sens collectif partageables et réutilisables d'un domaine à l'autre. Elles incluent un vocabulaire correspondant aux évènements, choses, espaces, fonctions, temps, comportements causalités, etc.
- ***Ontologies de niveau supérieur (top-level, upper-model)***: qui modélisent les concepts très généraux auxquels les racines des ontologies de plus bas niveaux faudrait être reliées. Elles définissent des notions générales comme les notions d'objet, d'état, de propriété, de moment, de valeur, d'action, d'événement, d'effet et de cause [Sowa84].
  - *Par exemple*:
    - ✓ DOLCE (http://www.loa-cnr.it/DOLCE.html)
    - ✓ Wordnet (http://www.cogsci.princeton.edu/ wn/index.html
- ***Ontologies de domaine*** *:* ont pour but la modélisation des connaissances réutilisables dans des domaines bien définis. Elles offrent des concepts et des relations qui permettent de couvrir les activités, les vocabulaires, et les théories de ces domaines. Leurs concepts sont généralement des spécialisations de concepts décrits dans des ontologies de niveau supérieur. Il existe déjà de nombreuses ontologies de domaine.
  - *Par exemple*:
    - ✓ ENGMATH pour les mathématiques [Gruber94]
    - ✓ et MENELAS dans le domaine médical [Zweigenbaum99].

- ***Ontologies de tâches*** *: qui* modélisent les vocabulaires liés à une activité générique ou une tâche avec la spécialisation de certains termes des ontologies de niveau supérieur.
  - *Par exemple:* ONTOLINGUA (http://ksl.stanford.edu/software/ontolingua/)

- ✍ ***Ontologies de tâches de domaine :*** ce sont des ontologies de tâches réutilisables dans un domaine précis, mais pas d'un domaine à l'autre et elles sont autonomes de l'application.
- ✍ ***Ontologies de méthodes*** : qui modélisent les définitions des concepts et des relations adéquates pour le processus d'inférence et de raisonnement pour exécuter une tâche spécifique.
- ✍ ***Ontologies d'applications*** : qui modélisent les connaissances utiles pour des applications spécifiques. Elles spécialisent généralement le vocabulaire des ontologies de domaine et des ontologies de tâches.

EXERCICES SUR CHAPITRE 3

❖ ***Exercice 1 :***

Qu'est-ce qu'un "concept" en ontologie? De quels éléments est-il constitué ?

❖ ***Exercice 2 :*** Soit la hiérarchie suivante :

1. Un Animal est une classe.
2. Une Plante est une classe, mais disjointe d'Animal.
3. Un Arbre est une sous-classe de Plante.
4. Une Branche est une partie d'un Arbre.
5. Une Feuille est une partie d'une Branche
6. Un Herbivore est un Animal qui ne mange qu'une Plante ou une partie d'une Plante.
7. Un Carnivore est un Animal qui mange aussi un Animal.
8. Une Girafe est un Herbivore qui ne mange que des Feuilles.
9. Un Lion est un Carnivore qui ne mange que des Herbivores.
10. Une PlanteSavoureuse est une Plante qui est mangée par un Herbivore et aussi par un Carnivore.

Question :

1) Définir les concepts
2) Donner la hiérarchie entre ces concepts
3) Donner les relations entre ces concepts (rôles)
4) Donnez la lDs.

❖ ***Exercice 3***

Soit la portion de diagramme de classes suivante représentant une ontologie.

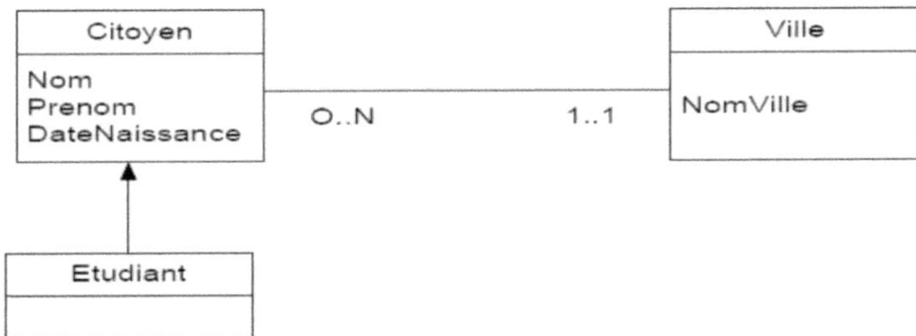

1) Décrivez les étapes de mise en œuvre de l'ontologie jusqu'à l'introduction dans un éditeur d'ontologie. : concepts, relations, propriétés. Axiomes en LDs.
2) Donnez le code OWL correspondant

SOLUTIONS DES EXERCICES SUR LE CHAPITRE 2

❖ ***Exercice 1 :***

Un concept peut se définir comme une entité composée de trois éléments distincts :

- Le(s) terme(s) exprimant le concept en langue.
- La signification du concept, appelée également « notion » ou « intension » du concept.
- Le(s) objet(s) dénotés par le concept, appelé(s) également « réalisation » ou « extension » du concept.

❖ ***Exercice 2 :***

1) Les concepts : Animal, Feuille, Branche, Plante, Arbre, PlanteSavoureuse, Carnivore, Lion, Herbivore, Girafe

2) ***Les relations :***

- partieDe (Branche, Arbre)
- partieDe (Feuille, Branche)
- mange(Animal, Plante):
  - mange(Herbivore, Plante)
  - mange(Girafe,Feuille)
- mange(Animal,Animal) :
  - mange(Carnivore, Animal)
  - mange(Lion, Herbivore)
- mangePar(PlanteSavoureuse, herbivore)
- mangePar(PlanteSavoureuse, carnivore)

3) **La hiérarchie des concepts :**

Exercice 3 :

1) **Ecriture des classes :** La première étape de l'écriture de l'ontologie OWL représentant cette population consiste à écrire les classes du monde.

```
<!-- Défintion des classes -->
<owl:Class rdf:ID="Citoyen" />
<owl:Class rdf:ID="Etudiant">
<rdfs:subClassOf rdf:resource="#Citoyen" />
</owl:Class>
```

```
</owl:Class>
<owl:Class rdf:ID="Ville" />
```

2) **Ecriture des propriétés** : L'écriture des propriétés est l'étape qui va permettre de détailler la population que l'on veut décrire. Ecrivons les propriétés d'objet : habiteA.

```
<!-- Propriétés d'objet -->
<owl:ObjectProperty rdf:ID="habiteA">
<rdfs:domain rdf:resource="#Citoyen" />
<rdfs:range rdf:resource="#Ville" />
</owl:ObjectProperty>

<!-- Propriétés de type de donnée -->
<owl:DatatypeProperty rdf:ID="nom">
<rdfs:domain rdf:resource="#Citoyen" />
<rdfs:range rdf:resource="&xsd;string" />
</owl:DatatypeProperty>
<owl:DatatypeProperty rdf:ID="prenom">
<rdfs:domain rdf:resource="#Citoyen" />
<rdfs:range rdf:resource="&xsd;string" />
</owl:DatatypeProperty>
<owl:DatatypeProperty rdf:ID="nomVille">
<rdfs:domain rdf:resource="#Ville" />
<rdfs:range rdf:resource="&xsd;string" />
</owl:DatatypeProperty>
```

3) **Assertion de faits caractérisant la population :** La dernière étape concerne l'assertion des faits caractérisant la population. Il s'agit donc non seulement de l'instanciation des individus de la population, mais également de leur description par l'énonciation de leurs propriétés :

```
<Etudiantrdf:ID="Tria">
<nom>Tria</nom>
<prenom>taki</prenom>
<dateDeNaissance>2010-07-13</dateDeNaissance>
<habiteA rdf:resource="#Tebessa" />
</Etudiant>
```

IV.

LANGAGES DE CONSTRUCTION, EDITEURS, SYSTÈMES DE RAISONNEMENT, ET LANGAGES D'INTERROGATION

INTRODUCTION

Dans ce chapitre, on va aborder les points suivants : les langages de construction, les editeurs des ontologies, les systemes de raisonnement et les langages d'interrogation des ontologies.

1. LES LANGAGES DE CONSTRUCTION DES ONTOLOGIES

Cette section va faire l'objet de la présentation des différents langages existants, utilisés pour la création des ontologies.

1.1. Extended Markup Language et XML Schema

Le XML (L'eXtended Markup Language) [W3C04d] est un langage de représentation et d'échange de documents structurés. Créé par SGML (Standard Generalized Markup Language) et décrit par le consortium Web, XML offre beaucoup d'avantages : (1) il permet de définir des structures arborescentes de documents en utilisant une représentation en balises qui permet de d'écrire les éléments composant la structure et les relations entre ces éléments. (2) il n'exige aucune contrainte sémantique sur la définition de ces informations, ce qui implique que XML seul ne peut pas modéliser les ontologies.

Exemple :

- La phrase en LN : « Je fais le cours ontologie et web sémantique à la salle 112. »
- Document XML correspondant.

```
<phrase>
<enseignant nom= "Bourougaa">Je fais le cours : </enseignant>
<cours>ontologie et web semantique</cours>
<salle >à la salle 112</salle>.
</phrase>
```

XML Schéma [W3C04e] (XML-S) est un outil destiné à la définition de grammaires qui caractérisent des arborescences de documents (notion de validité syntaxique). Avec les schémas XML, il est possible de vérifier la validité syntaxique de la structure arborescente d'un document, mais, il ne garantit pas la vérification de la sémantique de l'ensemble des informations comprises dans ce document.

Exemple :

```
<xs:complexType name="AddresseFR">
<xs:sequence>
<xs:element name="nom" type="xs:string"/>
<xs:element name="rue" type="xs:string"/>
<xs:element name="ville" type="xs:string"/>
<xs:element name="codep" type="xs:decimal"/>
</xs:sequence>
<xs:attribute name="pays" type="xs:NMTOKEN" fixed="FR"/>
</xs:complexType>
```

1.2. Resource Description Framework Et RDF Schéma

RDF (Resource Description Framework) [W3C04b] est un modèle pour la définition de métas donnés. RDF représente les informations en utilisant un graphe orienté sous la forme d'un triplet : Sujet, Prédicat et Objet qui peut être aussi décrit en utilisant la syntaxe XML. Les figure 4.1 et figure 4.2 montrent un exemple [W3C04b] d'utilisation de RDF. RDF ne permet pas à l'utilisateur de décrire le vocabulaire des termes à utiliser, ni de définir la sémantique des objets utilisés, malgré, qu'il fournit une capacité d'échange de connaissances.

<rdf :RDF>

<rdf :Description about='Toto'>

<rdf :Property about='adresse'>12 rue des pins </rdf :Property>

<rdf :Property about='age'> 37 </rdf :Propert

</rdf:Description> </rdf:RDF>

Figure 4.1 : Représentation RDF/XML de Toto 37 ans qui habite au 12 rue des pins

Figure4.2 : Représentation graphique de Toto 37 ans qui habite au 12 rue des pins

A son tour, RDF Schéma [W3C04c] ou RDFS est un langage qui permet de décrire des propriétés sémantiques pour les ressources utilisées dans un schéma. Ce dernier offre la possibilité de définir de nouvelles ressources sous la forme de plusieurs spécialisations de d'autres ressources. La principale nouvelle notion est la distinction entre une classe (concept d'une ontologie) et une instance (individu d'une ontologie). Quelques notions définies sont : (rdfs : Class), (rdfs : subClassOf), (rdfs : domain), et (rdfs : range).

Sur l'exemple de Sami, « Sami a 23 ans et habite Constantine », nous définissons le concept de personne, une taxinomie de concepts, et l'instance Sami.

```
<rdf :RDF>
<rdfs :Class rdf :about='Personne'>
<rdfs :subClassOf rdf :resource='Thing'/>
</rdfs :Class>
<rdf :Property about='age'>
<rdfs :domain rdf :resource='Personne'/>
<rdfs :range rdf :resource='xsd :integer'/>
</rdf :Property>
<rdf :Property about='ville'>
<rdfs :domain rdf :resource='Personne'/>
<rdfs :range rdf :resource='xsd :string'/>
</rdf :Property>
</rdf :RDF>
```

```
<Personne rdf :ID='Sami'>
<age rdf :resource='23' />
<ville rdf :resource='Constantine' />
</Personne>
```

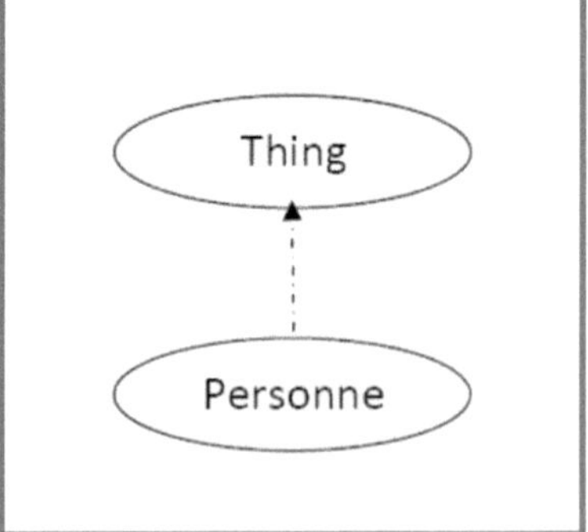

Les limites de RDFS

RDFS est doté d'un nombre minimum de primitives nécessaires à la définition d'un vocabulaire :

- ✓ Il définit la notion de "classe" qui est un ensemble de plusieurs objets.
- ✓ Il définit la propriété particulière "est une sous-classe de" qui permet de définir qu'une classe est un sous-ensemble d'une autre classe.
- ✓ Il définit la notion de "littéral" qui est une valeur comme une chaîne de caractère ou des chiffres.
- ✓ Il définit la propriété "s'applique à la classe" (range) permettant ainsi de spécifier le champ d'application d'une propriété.
- ✓ Il définit la propriété "est l'objet de la propriété" (domain) permettant ainsi de spécifier quelles sont les classes auxquelles on peut affecté telle ou telle.

1.3. OWL (Ontology Web Language)

OWL (Ontology Web Language [W3C04a, Zhou Mingtian03] est un langage basé sur la syntaxe RDF/XML. Il a bénéficié des travaux de DAML+OIL [Ian Horrocks01]. OWL représente une extension de RDF, en lui rajoutant l'aspect sémantique qui lui manque, tel que les moyens de comparaison de propriétés et de classes (identité, équivalence, contraire, cardinalité, symétrie, etc.). De plus, grâce à ses primitives plus riches, il fournit une capacité d'interprétation et d'inférence plus grande à la machine que RDF et RDFS. OWL est composé de trois sous langages (voir figure 4.3) OWL Lite, OWL DL et OWL Full, qui offrent des capacités d'expression progressives alors ils sont destinés à des distinctes utilisations.

OWL Lite constitue le sous langage d'OWL le plus facile. Il est destiné aux utilisateurs qui ont, spécialement, besoin d'utiliser une hiérarchie de classifications avec des conditions simples. Comme exemple, malgré que le langage manage les contraintes de cardinalité, il n'accepte que les valeurs de cardinalité 0 ou 1, alors, il est plus simple de mettre en œuvre des outils pour OWL Lite que pour ses parents d'expression plus grande, car OWL Lite trace un chemin de migration rapide vers les thésaurus et autres taxonomies.

Catégorie	Constructeurs	Exemple
RDF Schema	Class, rdfs :subClassOf, rdf :Property, rdfs :subPropertyOf, rdfs :domain, rdfs :range, Individual	Personne : subClassOf(Thing) Femme : subClassOf(Personne) Enfant : subClasseOf(Personne)
In(Equalité)	equivalentClass, equivalentProperty, sameAs, differentFrom, AllDifferent, distinctMembers	Fille : equivalentClass(intersectionOf(Femme, Enfant))
Restrictions	onProperty, allValuesFrom, someValuesFrom	Parent : intersectionOf (Personne, restriction(minCardinality(1), onProperty(aEnfant))
Cardinalités (0 ou 1)	minCardinality, maxCardinality, cardinality	
Intersection	intersectionOf	
Propriétés	SymmetricProperty,FunctionalProperty, ObjectProperty, DatatypeProperty, inverseOf, TransitiveProperty, InverseFunctionalProperty	aParent : ObjectProperty (Enfant, Personne) aEnfant : inverseOf (aParent)

Figure 4.3– Les constructeurs d'OWL Lite

OWL DL est considéré plus complexe que OWL Lite, il est basé sur la logique de description (d'où son nom OWL Description Logics). Il assure l'accomplissement des inférences et leurs décidabilités, et ça malgré sa complexité. OWL DL englobe toutes les structures de langage OWL, qui ne sont disponibles cependant qu'avec certaines limitations (restrictions), par exemple, une classe peut être une sous-classe de plusieurs classes, mais elle ne peut pas être une instance d'une autre. (Figure 4.4)

Catégorie	Constructeurs	Exemple
Axiome de Classe	oneOf (enumération), dataRange, disjointWith	Gender : oneOf(Male, Female)
Expressions booléennes	unionOf, complementOf	Tante : intersectionOf (Femme, unionOf (aNeuve, aNiece))
Cardinalité (0, n)	minCardinality, maxCardinality, cardinality	
Individu cible d'une propriété	hasValue	Homme : intersectionOf (Personne, hasValue(sexe,Male))

Figure 4.4. Liste des constructeurs ajoutés par OWL DL

OWL Full représente le niveau le plus complexe d'OWL, mais aussi il assure le plus haut niveau d'expressivité. Son utilisation n'est contrainte que par le langage RDF, mais elle n'assure pas la décidabilité et la complétude des calculs reliés à l'ontologie. La syntaxe n'accepte pas de modification par rapport à OWL DL mais OWL Full admet une utilisation sans condition sur l'utilisation des constructeurs.

Les 3 niveaux d'**OWL** exposent une hiérarchie sur la validité des ontologies :

- une ontologie **OWL** Lite valide est aussi une ontologie OWL DL valide
- une ontologie **OWL DL** valide est aussi une ontologie OWL Full valide

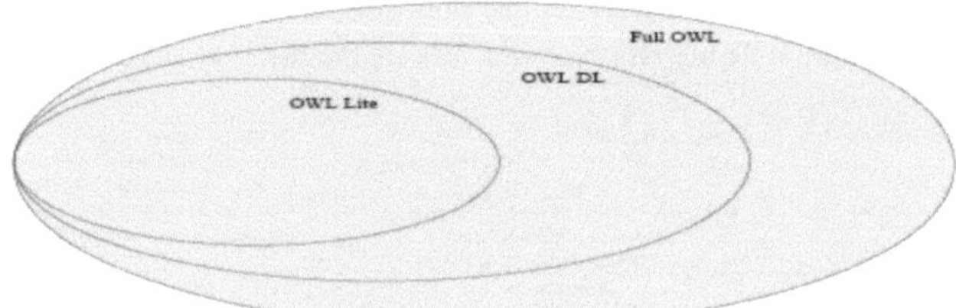

Figure 4.5 : Hiérarchies de langages OWL [Zhou Mingtian03]

En conclusion, OWL est un langage fondé sur XML, qui permet la définition riche des informastions. Les logiques de description représentent la base théorique des langages d'ontologie comme OWL.

2. EDITEUR D'ONTOLOGIES

A nos jours, le nombre d'éditeurs d'ontologies ne cesse pas d'évoluer. Alors, il existe distincts éditeurs utilisant des formalismes diversifiés et permettant différentes propriétés. Dans cette partie, nous allons présenter quelques-uns, à savoir : OILed, OntoEdit, ONTOSAURUS, Protégé2000.

2.1. OILEd : OILEd [Bechhofer01] est un éditeur dont l'objectif est la création des ontologies dans le langage de représentation OIL. Cet éditeur est généralement observé comme une simple interface de la logique de description SHIQ. Il propose aussi les services d'un raisonneur. L'outil contient des techniques pour contrôler la cohérence des ontologies.

2.2. OntoEdit : OntoEdit [Sure02] est aussi un éditeur de construction d'ontologies autonome de tout formalisme, il utilise des mécanismes graphiques destinés à la visualisation d'ontologies. ONTOEDIT englobe un serveur consacré à l'édition d'une ontologie par plusieurs utilisateurs. La gestion des ordres d'édition garantit un contrôle efficace de la cohérence de l'ontologie.

2.3. ONTOSAURUS : ONTOSAURUS [Swartout97] est un éditeur constitué : d'un serveur qui utilise LOOM comme langage de définition des connaissances, et d'un serveur de navigation créant dynamiquement des pages HTML, affichant la hiérarchie de l'ontologie. Le serveur utilise des formulaires HTML dont l'objectif est d'autoriser l'usager à éditer l'ontologie. Des traducteurs du LOOM en Ontolingua, KIF, KRSS et C++, ont été déployés.

2.4. Protégé2000 : Protégé2000 [Noy01] est une interface modulaire, développée au Stanford Medical Informatics de l'Université de Stanford7. Il permet : l'édition, la visualisation, le contrôle (vérification des contraintes) d'ontologies, l'extraction d'ontologies à partir de sources textuelles et la fusion semi-automatique d'ontologies. Son modèle de connaissances est issu du modèle des frames et contient des classes (concepts), des slots (propriétés) et des facettes (valeurs des propriétés et contraintes), et aussi des instances des classes et des propriétés. De nombreux plug-ins sont disponibles ou peuvent être ajoutés par l'utilisateur.

3. SYSTEMES DE RAISONNEMENT SUR LES ONTOLOGIES

L'objectif principal d'un système de raisonnement est l'inférence et la déduction logique des informations d'ontologie qui sont implicites, par conséquent, décrire les incohérences. Inférer implique tirer une conclusion d'une série de propositions reconnues pour ''vraies''. Un des principaux services fournis par un raisonneur est la vérification si une classe A est une sous-classe d'une autre classe B. De plus, l'exécution des tests spécifiques sur toutes les classes dans une ontologie, permet à un raisonneur d'acquérir la hiérarchie déduite des classes d'ontologie. Le rôle d'un moteur d'inférence est alors la compilation. Il existe plusieurs moteurs comme : Racer, Pellet, jena.

3.1. Racer : Le moteur d'inférence sans ambigüité, le plus connu et le plus utilisé dans le domaine est Racer [Haarslev01], grâce à ses performances et sa stabilité. Racer prend en considération les ontologies modélisées par son langage, mais il accepte aussi des ontologies définies en RDF ou OWL. Ceci à cause de la traduction de ces ontologies vers le langage utilisé par Racer. Ce moteur d'inférence possède aussi son propre langage de requête **nRQL** (new Racer proquery Language) pour interroger et consulter les ontologies. Les principaux services d'inférences de Racer:

(1) Le test de *satisfiabilité* d'un concept (vérifier qu'un concept *C* accepte des instances),
(2) Le test de *subsomption* de concepts (vérifier qu'un concept *A* est subsumé par un concept *B*),
(3) Le test *d'instanciation* (vérifier qu'un individu *I* est instance d'un concept *C*, si seulement si $I \in C$).

Racer possède quelques points négatifs :

(1) Racer n'autorise pas l'utilisation de type de données défini par l'utilisateur, car il dispose de ses propres types de données et il exécute une conversion avec les types de base.
(2) Racer est un produit commercial, il n'existe pas de version libre d'utilisation.

3.2 Pellet : Pellet [Evren-Sirin06] est le moteur le plus récent. Il est un des projets du MINDSWAP Group, « un groupe de recherche sur le Web sémantique de l'université du Maryland ». Pellet manipule des ontologies décrites en RDF ou OWL permettant des requêtes avec RDQL et SPARQL.

Les atouts de Pellet sont :

(1) Pellet est open-source et réalisé en Java.
(2) Pellet est un raisonneur OWL DL complet.
(3) Pellet présente en cas d'incohérence dans l'ontologie des rétablissements possibles.

Les points négatifs de Pellet sont :

(1) Il dispose d'une documentation pauvre par rapport à celle de Racer.
(2) Actuellement Pellet ne permet pas l'utilisation de règles SWRL.
(3) Pellet n'expose pas de système de souscription à un concept.

3.3 JENA : Développée par HP, **JENA** est une bibliothèque de classes Java qui simplifie le déploiement d'applications pour le web sémantique. Il Permet de gérer des ontologies (RDF-Schema, DAML+OIL, OWL) et de raisonner en utilisant les connaissances de l'ontologie. Il permet :

(1) La création d'une classe : createClass retourne une OntClass (OntClass est une spécialisation de Resource).
(2) La création d'une propriété : createObjectProperty retourne une ObjectProperty (ObjectProperty est une spécialisation de Resource).
(3) L'utilisation de déclarations RDF.
(4) Lecture et écriture RDF/XML, Notation 3.

(5) Le stockage en mémoire ou sur disque de connaissances RDF.
(6) La gestion d'ontologies : RDF-Schema, DAML+OIL, OWL.

3.4 Comparaison Entre Les Systèmes De Raisonnement

Il existe beaucoup de raisonneurs, spécifiques ou non à OWL. Dans le but de monter l'apport de chaque moteur d'inférence, nous avons dressé cette table qui englobe les caractéristiques de chaque moteur.

Table 4.1 : Caractéristiques des moteurs d'inférence

Jena	Racer	Pellet
1. API Java le plus largement utilisées pour RDF et OWL. **2.** Représentation du modèle. **3.** L'analyse syntaxique. **4.** Les requêtes et quelques outils de visualisation. **5.** Raisonner sur les instances et les concepts.	1. Raisonner sur les instances de concepts. 2. Permet la vérification de la hiérarchie entre concepts (subsomption de concepts).	**1.** Raisonner sur les instances de concepts. **2.** Le premier raisonneur OWL-DL sûr et complet. **3.** Pas de raisonnement sur les concepts. **4.** Ne peut pas être intégré dans JAVA

4. Langages d'interrogation d'ontologies

A travers cette partie, nous allons détailler les langages d'interrogation des ontologies à savoir : RDQL, SPARQL, nRQL et SWRL, qui sont fondés principalement sur la reconnaissance de graphe RDF. Les langages utilisables sur Pellet sont : RDQL et SPARQL tandis que, nRQL et SWRL sont utilisables sur Racer.

RDQL (RDF Data Query Language) [W3C04f] est un langage d'interrogation de données décrit en RDF. Il n'est pas standardisé, car il existe de nombreuses implémentations, malgré que la soumission W3C définisse une base commune. Sa syntaxe est très proche de SQL :

```
SELECT variable [, variable]*
  FROM documents rdf [, documents rdf]*
  WHERE modèle de triplets
  AND restrictions booléennes
  USING définition des raccourcis
```

SPARQL (SPARQL Protocol And RDF QueryLanguage [W3C06]) est un rétablissement de RDQL. Il est en cours de standardisation au niveau du W3C. Ce langage définit une syntaxe presque semblable à RDQL, mais, en ajoutant notamment les opérateurs UNION et OPTIONAL dans la clause WHERE. L'opérateur UNION décrit la disjonction de triplets RDF. L'opérateur OPTIONAL décrit des triplets RDF optionnels pour le résultat de la requête.

nRQL (new Racer proquery Language [Haarslev01]) est le langage d'interrogation de Racer. Il est fondé sur la recherche de graphes RDF. Sa syntaxe est proche des deux autres langages, sauf pour sa notation préfixée des opérateurs.

```
RETRIEVE ($ ?z)
(AND ( $ ?x $ ?y |myOntology#aEnfant|)
($ ?z $ ?x |myOntology#estFrereDe|))
```

SWRL (Semantic Web Rule language) [Horrocks04], est une proposition visant à combiner les ontologies et les règles, avec ontologies en OWL-DL et les règles sous RuleML, donc SWRL = OWL-DL + RuleML, puisque, OWL-DL est sans variable et RuleML utilise les variables. SWRL permet la manipulation d'instances par des variables (?x, ?y, ?z), SWRL ne permet pas de créer des concepts ni des relations, SWRL permet seulement d'ajouter des relations suivant les valeurs des variables (individus) et la satisfaction de la règle. Les règles SWRL sont construites suivant ce schéma : ***antécédent -> conséquent***. Tel que : Antécédent = conjonctions d'atomes, et Conséquent = un seul atome, un atome étant : soit une instance de concept : Ci(z) = prédicat unaire , soit une relation OWL : Ri(x, y) = prédicat binaire, soit une des 2 relations SWRL : same-as(?x, ?y) ou different-from (?x, ?y), [Espinasse09], par Exemples :

1. R1(x, y) ∧ different-from(x, y) ∧ C1(z) ∧ ... → Rn(x, z).
2. Person(?p) ^ hasSibling(?p,?s) ^ Man(?s) → hasBrother(?p,?s)
3. Man(?m) → Person(?m)
4. hasParent(?x, ?y) ^ hasBrother(?y, ?z) → hasUncle(?x, ?z)
5. Person(Fred) ^ hasSibling(Fred, ?s) ^ Man(?s) → hasBrother(Fred, ?s)
6. Person(?p) ^ hasAge(?p,?age) ^ swrlb:greaterThan(?age,17) → Adult(?p)
7. Person(?p) ^ hasNumber(?p, ?number) ^ swrlb:startsWith(?number, "+") → hasInternationalNumber(?p, true)
8. Person(?p) ^ hasSalaryInPounds(?p, ?pounds) ^ swrlb:multiply(?dollars, ?pounds, 2.0) → hasSalaryInDollars(?p, ?dollars)

Exemples des requêtes en SQWRL :

1. Person(?p) ^ hasAge(?p,?age) ^ swrlb:greaterThan(?age,17) → sqwrl:select(?p, ?age)
2. Person(?p) ^ hasAge(?p,?age) ^ swrlb:greaterThan(?age,17) → sqwrl:select(?p, ?age) ^ sqwrl:orderBy(?age)
3. Person(?p) ^ hasCar(?p,?car) → sqwrl:select(?p) ^ sqwrl:count(?car)
4. Car(?c) → sqwrl:count(?c)

5. Person(?p) ^ hasAge(?p, ?age) -> sqwrl:avg(?age)

De nombreux moteurs d'inférences commencent à supporter SWRL, par exemple : Bossam, Hoolet, KAON2, Pellet, RacerPro, R2ML (REWERSE Rule Markup Language) et Sesame. Ils suivent 3 types d'approches : (1) Traduire SWRL en logique du premier ordre (Hoolet), (2) Traduire OWL-DL en règles et appliquer un algorithme de chaînage avant (Bossam), (3) Intégrer les règles SWRL dans le moteur d'inférences OWLDL fondé sur les algorithmes des tableaux sémantiques (Pellet, Racer). Cependant, les implémentations actuelles de SWRL sont gourmandes en calcul, elles sont ainsi utilisables seulement pour des ontologies de taille petites ou moyennes [Espinasse09].

EXERCICES SUR LE CHAPITRE 4

❖ ***Exercice 1 :***

a) Quelle est la différence entre un lien Absolu et relatif ? donnez un exemple pour chaque type.
b) Expliquez clairement (avec exemple) comment une application du web sémantique se distingue du web classique, grâce à l'utilisation des ontologies.
c) Donnez le principal avantage et le principal désavantage de chacune de ces notations RDF suivantes : la forme graphique et la syntaxe RDF/XML.
d) Que signifie RDF ? Quel est son rôle ?
e) Décrivez en RDF les informations permettant de décrire le site d'un enseignant de l'université de tebessa (Nom et département).

❖ ***Exercice2 : XML.***

Soit les mots "**sToP**" ,"**Xmls**", "**RDFS**" et "**ontlogie**", déterminer la validité de chaque mot on fonction de deux XML schémas suivantes :

```
<xs:element name="mot1">
  <xs:simpleType>
    <xs:restriction base="xs:string">
  <xs:pattern value="([a-z][A-Z])+"/>
    </xs:restriction>
  </xs:simpleType>
</xs:element>
```

XSchema1

```
<xs:element name="mot2">
  <xs:simpleType>
    <xs:restriction base="xs:string">
      <xs:pattern value="[a-z]+"/>
    </xs:restriction>
  </xs:simpleType>
</xs:element>
```

XSchema2

❖ ***Exercice 3 : RDF/RDFs***

Dessinez un graphe RDF qui représente cette situation suivante (Famille de Marie) :

« Marie a eu deux enfants avec Robert : une fille, qui s'appelle Anne et un garçon, qui s'appelle André. Elle habite maintenant avec Luc, avec qui elle a eu une autre fille, qui s'appelle Mélanie. Robert habite à Montréal, avec André. Marie et Luc habitent à Québec avec Anne, Mélanie et Paul. Paul est le fils que Luc a eu avec Claudine dans son premier mariage. »

❖ ***Exercice 4 :***

Soit le Tableau 1 représente une liste d'employés d'une entreprise :

ID	Prénom	nomFamille	titre	dateEmbauche	dateOrientation
E1	Heidi	Smith	CEO	2017-01-13	2017-01-30
E2	John	Smith	Ingénieur	2017-01-28	2017-01-30 2017-03-15
E3	Francis	Jones	Vice-président	2017-02-13	
E4	Jane	Berger	Ventes	2017-03-10	

Tableau 1 Liste d'employés

1) Donnez la représentation sous forme de triplet(s) de Tableau 1.
2) Donnez les requêtes SPARQL permettant d'obtenir :
- Les employés qui ont le nom de famille 'smith':
- Les prénoms et date d'embauche des employés qui ont le nom de famille 'smith'.
- les prénoms des employés embauchés avant le 2017-03-01.

❖ ***Exercice5 :***

On souhaite modéliser les connaissances suivantes en RDF :
- Pierre a 30 ans.
- Pierre connaît Marie.
- Pierre et Marie sont des étudiants.
- Les étudiants sont des adultes.

Questions
1. Donnez la représentation sous forme de triplet(s) de chacune de ces phrases
2. Donnez la représentation graphique de ce graphe RDF
3. Donnez une représentation XML de ce graphe RDF.

❖ ***Exercice 6:***

On souhaite modéliser dans une ontologie les connaissances suivantes :
Les étudiants sont des Personnes. Les étudiants suivent des UE. Les étudiants sérieux suivent l'UE MOREC. Pierre est un étudiant sérieux. Les personnes sont les descendants d'autres personnes

Question :
1) Donnez l'ensemble des classes et des relations de votre ontologie.
2) Donnez l'ensemble terminologique (Tbox) et les instances (Abox) de votre ontologie en utilisant la notation des logiques de descriptions.
3) Votre modèle est-il compatible avec OWL-Lite ? OWL-DL? OWL-Full? Justifiez.
4) Donnez la description OWL des trois premières phrases.
5) Comment exprimer (en OWL) le fait que descendDe est une relation transitive ?
6) Comment représenter la connaissance suivante ?

a. « Les étudiants peuvent se séparer en étudiants sérieux et étudiants non sérieux »

❖ ***<u>Exercice7 :</u> SWRL***

A) Ecrire les règles en SWRL qui décrivent dans l'ontologie:
   1- Qu'un man est une personne ;
   2- Décrire que :
      a. 2 personnes sont des frères ;
      b. 2 personnes ont la relation 'uncle' ;
      c. Une personne est un adulte ;
   3- Savoir qu'une personne possède un numéro international.
   4- Convertir le salaire d'une personne du : Pounds vers le Dollars.

B) Ecrire en SQWRL les requêtes suivantes :
   1- Donnez les personnes plus de 17 ans.
   2- Donnez les personnes plus de 17 ans en ordre croissant ;
   3- Calculez le nombre de voiture ;
   4- Donnez les personnes possédant des voitures ainsi que le nombre de voitures.

SOLUTION DES EXERCICES DE CHAPITRE 4

❖ ***Exercice1 :***

a) Un lien absolu, utilise l'adresse complète vers une ressource, comme ceci : « **http://www.example.com/dossier/fichier.htm** ».
Un lien relatif, utilise une adresse par rapport à la localisation (document) en cours, comme ceci : **« ../../autredossier/autrefichier.htm».**

b) Dans le domaine de la recherche d'informations, l'idée du Web sémantique est de parvenir à un Web intelligent, où les informations ne seraient plus stockées mais comprises par les ordinateurs, pour apporter à l'utilisateur ce qu'il cherche vraiment. Le Web sémantique permettra donc de rendre le contenu sémantique du Web interprétable non seulement par l'homme, mais aussi par la machine.

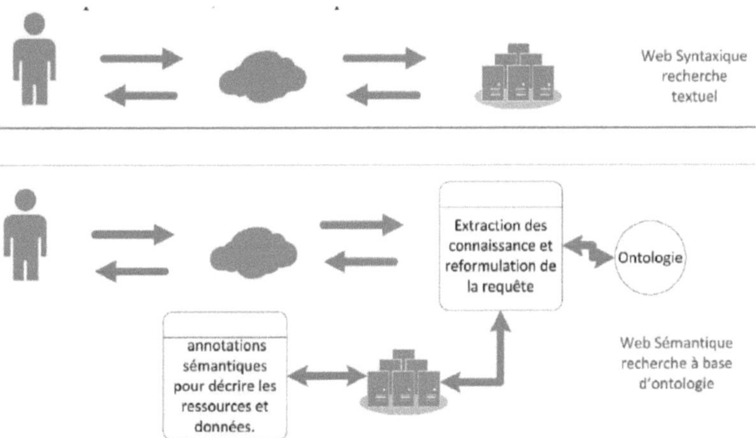

La figure au-dessus montre le point de vue du Web sémantique qui offre une recherche intelligente sur le Web, faite par des machines et basée sur des définitions (Ontologies) qu'ils puissent comprendre, des définitions données pour le monde entier. En faisant une requête sur un moteur proposant de la recherche en langage naturel, vous l'interrogerez comme vous parlez, et il transformera cette demande en langage compréhensible (sémantique) et cohérent pour la machine.

c)

- Avantage :

Forme graphique : Flexible et compréhensible par l'être humain.
RDF/XML : Support une grande interopérabilité avec de nombreux outils.

-Désavantage :

Forme graphique : Ce n'est pas exploitable par les machines et masque une grande variété de processus d'annotations.
RDF/XML : Convient mieux dans un but de présentation, Les fichiers RDF/XML contiennent trop d'information comparée à d'autres notations : N3, N-triples.

d) **RDF (Resource Description Framework)** n'est pas à proprement parler un langage. Il s'agit plutôt d'un modèle de données pour décrire des ressources sur le web. On entend par ressource toute entité que l'on veut décrire sur le web mais qui n'est pas nécessairement accessible sur le web.

e) <http://www.univ-tebessa.dz/Profs#BenahmedAhmed>
<http://www.univ-tebessa.dz/Vocabulary#worksAt>
<http://www.univ- tebessa.dz/Vocabulary#Dpt-Info> .
<http://www.univ- tebessa.dz/Profs#BourougaaSalima>
<http://www.univ- tebessa.dz/Vocabulary#hasName >"BourougaaSalima ".

❖ ***Exercice2 :***

	XSchema1	XSchema2
sToP	Valide	Non valide
Xmls	Non valide	Non valide
RDFS	Non valide	Non valide
ontlogie	Non valide	valide

❖ ***Exercice3:***

```
xmlns:rdf =http://www.w3.org/1999/02/22-rdf-syntax-ns#
xmlns:locale =http://www.famille.com/description#
```

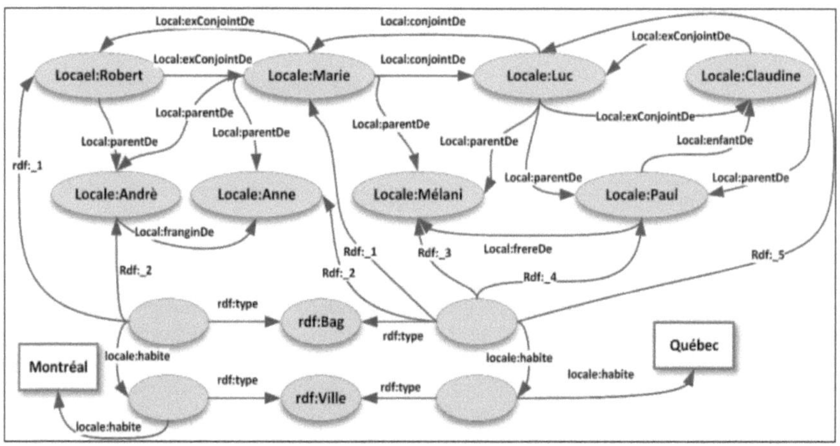

❖ ***Exercice4 :***

1)

```
xmlns:xs =http://www.w3.org/2001/XMLSchema#
xmlns:emp =http://www.Entreprise.com/Employees#
```

Sujet	Propriété	Valeur
emp : E1	emp : prenom	'Heidi'
emp : E1	emp : nomFamille	'Smith'
emp : E1	emp : titre	'CEO'
emp : E1	emp : dateEmbauche	'2017-01-13' ^^xs:date
emp : E1	emp : dateOrientation	'2017-01-30' ^^xs:date

Sujet	Propriété	Valeur
emp : E2	emp : prenom	'John'
emp : E2	emp : nomFamille	'Smith'
emp : E2	emp : titre	'Ingénieur'
emp : E2	emp : dateEmbauche	'2017-01-28' ^^xs:date
emp : E2	emp : dateOrientation	'2017-01-30' ^^xs:date
emp : E2	emp : dateOrientation	'2017-03-15' ^^xs:date

Sujet	Propriété	Valeur
emp : E3	emp : prenom	'Francis'
emp : E3	emp : nomFamille	'Jones'
emp : E3	emp : titre	'Vice-président'
emp : E3	emp : dateEmbauche	'2017-02-13' ^^xs:date

Sujet	Propriété	Valeur
emp : E4	emp : prenom	'Jane'
emp : E4	emp : nomFamille	'Berger'
emp : E4	emp : titre	'Ventes'
emp : E4	emp : dateEmbauche	'2017-03-10' ^^xs:date

2) Les requêtes SPARQL permettant d'obtenir :

1. Les employés qui ont le nom de famille 'smith':

```
PREFIX emp: <http://www.Entreprise.com/Employees#>
SELECT ?employee
WHERE
{
?person emp:nomFamille "Smith" .
}
```

2. Les prénoms et date d'embauche des employés qui ont le nom de famille 'smith'.

```
PREFIX emp: <http://www.Entreprise.com/Employees#>
SELECT ?pren ?dateEmb WHERE {
?employee    emp:nomFamille    "Smith"    .    ?employee
emp:prenom    ?pren    .    ?employee    emp:dateEmbauche
?dateEmb .
}
```

3. Les prénoms des employés embauchés avant le 2017-03-01

```
PREFIX emp: <http://www.Entreprise.com/Employees#>
SELECT ?pren WHERE {
?employee    emp:nomFamille    "Smith"    .    ?employee
emp:prenom    ?pren    .    ?employee    emp:dateEmbauche
?dateEmb .
FILTER(?dateEmb < "2017-03-01")
}
```

❖ ***Exercice 5 :***

1)

Pierre	hasAge	30 (type xsd :nonNegativeInteger)
Pierre	knows	Marie
Pierre	rdf :type	Etudiant
Marie	rdf :type	Etudiant
Etudiant	rdf :type	Adulte

2)

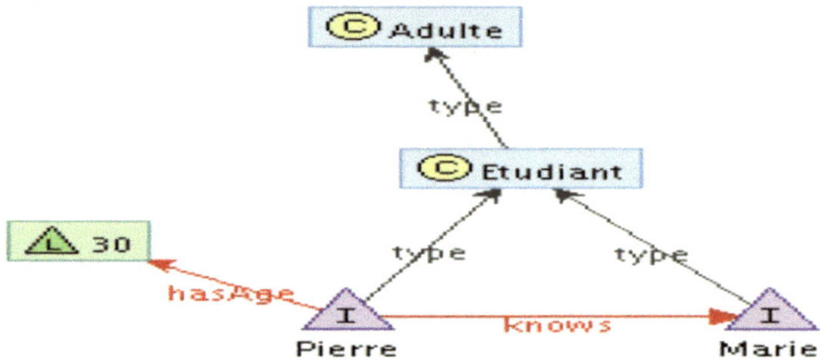

3)

```
<!DOCTYPE rdf :RDF [<!ENTITY xsd "http ://www.w3.org/2001/XMLSchema#">]>
<rdf :RDF xmlns :rdf="http ://www.w3.org/1999/02/22-rdf-syntax-ns#"
         xmlns :ex="http ://td-morec/#">
  <rdf :Description rdf :about="http ://td-morec/#Pierre">
    <rdf :type>
      <rdf :Description rdf :about="http ://td-morec/#Etudiant">
        <rdf :type rdf :resource="http ://td-morec/#Adulte"/>
      </rdf :Description>
    </rdf :type>
    <ex :hasAge rdf :datatype="&xsd;nonNegativeInteger">30</ex :hasAge>
    <ex :knows>
      <ex :Etudiant rdf :about="http ://td-morec/#Marie"/>
    </ex :knows>
  </rdf :Description>
</rdf :RDF>
```

❖ ***Exercice6 :***

1)

Classes : Personne, UE, Etudiant, EtudiantSerieux
Instances : MOREC :UE, Pierre :EtudiantSerieux
Relations : (autre que sous-classe)
Suivre : Etudiant→UE
descendDe : Personne→Personne

2)

ABox :

```
Etudiant :< Personne and (suivre some UE)
morec : UE
EtudiantSerieux :< Etudiant
EtudiantSerieux := (suivre some morec)
pierre : EtudiantSerieux
Personne := descendDe only Personne
```

TBox :

$$\begin{aligned} Etudiant &\sqsubseteq Personne \sqcap (\exists suivre.UE) \\ EtudiantSerieux &\sqsubseteq Etudiant \\ EdutiantSerieux &\equiv \exists suivre.\{morec\} \\ Personne &\equiv \forall descendDe.Personne \end{aligned}$$

:

3)

Le modèle presque compatible avec OWL-Lite : uniquement des intersections, des restrictions de cardinalité 0 ou 1, pas de classe anonyme, toutes les relations complètement définies. Malheureusement, la restriction sur une instance est interdite en OWL-Lite. Nous sommes donc OWL-DL.

4) OWL :

```
<rdf :RDF xmlns :rdf="http ://www.w3.org/1999/02/22-rdf-syntax-ns#"
    xmlns="http ://td-morec-owl/#"
    xmlns :owl="http ://www.w3.org/2002/07/owl#"
    xmlns :xsd="http ://www.w3.org/2001/XMLSchema#"
    xmlns :rdfs="http ://www.w3.org/2000/01/rdf-schema#"
  xml :base="http ://td-morec-owl/#">
  <owl :Class rdf :ID="Etudiant">
    <rdfs :subClassOf>
      <owl :Class rdf :ID="Personne"/>
    </rdfs :subClassOf>
    <owl :equivalentClass>
      <owl :Restriction>
        <owl :onProperty>
          <owl :ObjectProperty rdf :ID="suivre"/>
        </owl :onProperty>
        <owl :someValuesFrom>
          <owl :Class rdf :ID="UE"/>
        </owl :someValuesFrom>
      </owl :Restriction>
    </owl :equivalentClass>
  </owl :Class>
  <owl :ObjectProperty rdf :about="#suivre">
    <rdfs :range rdf :resource="#UE"/>
    <rdfs :domain rdf :resource="#Personne"/>
  </owl :ObjectProperty>
  <UE rdf :ID="morec"/>
</rdf :RDF>
```

5)

```
<owl :TransitiveProperty rdf :ID="descendDe">
    <rdfs :range rdf :resource="#Personne"/>
    <rdfs :domain rdf :resource="#Personne"/>
    <!-- <rdf :type rdf :resource="http ://www.w3.org/2002/07/owl#ObjectProperty"/> -->
</owl :TransitiveProperty>
```

6)

```
Etudiant :< EtudiantSerieux or EtudiantPasSerieux
EtudiantSerieux and EtudiantPasSerieux :< nothing
```

- ***Exercice7 : SWRL***

A.

1. Man(?m) → Person(?m)
2. Person(?p) ^ hasSibling(?p,?s) ^ Man(?s) → hasBrother(?p,?s)
3. hasParent(?x, ?y) ^ hasBrother(?y, ?z) → hasUncle(?x, ?z)
4. Person(?p) ^ hasAge(?p,?age) ^ swrlb:greaterThan(?age,17) → Adult(?p)
5. Person(?p) ^ hasNumber(?p, ?number) ^ swrlb:startsWith(?number, "+") → hasInternationalNumber(?p, true)
6. Person(?p) ^ hasSalaryInPounds(?p, ?pounds) ^ swrlb:multiply(?dollars, ?pounds, 2.0) → hasSalaryInDollars(?p, ?dollars)

B. Exemples des requêtes en SQWRL :

1. Person(?p) ^ hasAge(?p,?age) ^ swrlb:greaterThan(?age,17) → sqwrl:select(?p, ?age)
2. Person(?p) ^ hasAge(?p,?age) ^ swrlb:greaterThan(?age,17) → sqwrl:select(?p, ?age) ^ sqwrl:orderBy(?age)
3. Person(?p) ^ hasCar(?p,?car) → sqwrl:select(?p) ^ sqwrl:count(?car)
4. Car(?c) → sqwrl:count(?c)
5. Person(?p) ^ hasAge(?p, ?age) -> sqwrl:avg(?age)

V.

ETUDE DE CAS

PROCESSUS DE CONSTRUCTION DE L'ONTOLOGIE « CONTOLOGY », POUR LE DOMAINE DE LA SENSIBILITE AU CONTEXTE DANS LES ENVIRONNEMENTS UBIQUITAIRE

Introduction

Ce chapitre présente les étapes suivies pour la construction de l'ontologie de contexte « ContoLogy » dédiée à la modélisation du contexte de l'utilisateur qui accède à une application ubiquitaire. Pour ce faire, nous utilisons un processus de construction dans le développement de l'ontologie partant de connaissances brutes et arrivant à une ontologie d'application opérationnelle représentée par le langage OWL.

Les grandes étapes de ce processus sont inspirées de la méthodologie de construction d'ontologies « METHONTOLOGY» [Fernandez97] qui est le support de base pour la conceptualisation de l'ontologie à créer, à travers un ensemble de représentations intermédiaires semi-formelles. L'application de chacune des étapes de ce processus est basée sur l'exploitation du travail de HEMMAM.

Ce processus est composé de cinq étapes :

- ✓ Spécification des besoins.
- ✓ Conceptualisation.
- ✓ Formalisation.
- ✓ Implémentation.
- ✓ Test & évolution de l'ontologie.

La logique de description (LD) est le formalisme adopté pour l'expression de l'ontologie semi-formelle. OWL, le langage de définition d'ontologies, est choisi afin de codifier l'ontologie en utilisant l'éditeur d'ontologies Protégé OWL. Finalement, le système d'inférences RACER (RenamedAbox and Concept Expression Reasoner), est utilisé afin de tester la consistance de l'ontologie tout au long du processus de développement.

1. Spécification :

Le développement de l'ontologie est débuté par la phase de spécification qui consiste à établir un document de spécification des besoins. Au sein de ce document, nous dériverons l'ontologie à construire à travers les cinq aspects suivants :

- ✓ **Le domaine de connaissance,**
- ✓ **L'objectif,**
- ✓ **Les utilisateurs,**
- ✓ **Les sources d'informations,**
- ✓ **et La portée de l'ontologie.**

Nous résumons cette phase dans un document RDF présenté dans la Figure 5.1.

```
<rdf :RDF>
<rdf : Description about='URI Of Ontology'>
<Domaine> la modélisation du contexte pour l'adaptation des applications
ubiquitaires sensibles au contexte</Domaine>
<Date> 24/01/2014 </Date>
<Développé-par>
<rdf :Sequence>
<rdf :_1 SalimaBourougaa>
<rdf :_2 HassinaSeridi>
<rdf :_3 FaridMokhati>
</rdf:Sequence>
</Développé-par>
<Objectif>l'objectif majeur de notre ontologie est la représentation sémantique
des Concepts liées au contexte d'un utilisateur nomade qui accède à une
application ubiquitaire.</Objectif>
<Niveau de formalité> formel </Niveau de formalité>
<Termes>
<rdf :Sequence>
<rdf :_1 ContextModel><rdf :_2 , ConflictContext><rdf :_3 UserPreferences>…..
</rdf:Sequence>
</Termes>
<Sources>
<rdf :Sequence>………….
</rdf:Sequence>
</Sources>
</rdf : Description>
</rdf:RDF>
```

Figure 5.1 -Un document RDF de spécification de l'ontologie.

2. Conceptualisation :

Une fois la majorité des connaissances acquises, nous devons les organiser et les structurer en utilisant des représentations intermédiaires semi-formelles qui sont faciles à comprendre et sont indépendantes de tout langage d'implémentation. Cette phase comporte plusieurs étapes qui sont :

1· Construction de glossaire de termes,

2· Construction de diagramme de classification de concepts.

3· Construction de diagramme de relations binaires.

4· Dictionnaire de concepts.

5· Tableaux des relations binaires.

6· Tableaux des attributs.

7· Tableaux des instances.

2.1. *Construction de glossaire de termes :*

Ce glossaire contient la définition de tous les termes relatifs au domaine (concepts, instances, attributs, relations) qui seront représentés dans l'ontologie finale, par exemple, dans notre cas les termes UserContext et ContextModel sont des concepts, PreferredBy et CoveredBy représentent des relations,…etc. La Table 5.1 fournit une liste de quelques termes utilisés dans l'ontologie.

Table 5.1 – Glossaire de termes

Nom du terme	Synonymes	Description
ContextModel	Le modèle de contexte	Modélise tous les concepts du contexte liés à l'environnement ubiquitaire.
ApplicationContext	-	Représente l'application ubiquitaire
ServicesApplication	-	Représente les services offerts par l'application en question.
DataBase	-	Présente des informations sur la base de données de l'application.
RulesApplication	-	Regroupent toutes les règles liées au fonctionnement de l'application ubiquitaire, ainsi liées à l'utilisation de ses services.
ConflictContext	Les causes des conflits	Représente les conflits qui peuvent survenir entre les préférences de l'utilisateur
…………………………..	-………………….. …………………..	………………………………………..

2.2. Construction Du Diagramme De Classification Des Concepts :

Dans cette étape, nous construisons le diagramme de classification des concepts (voir figure 5.2) . La hiérarchie de classification des concepts démontre l'organisation des concepts de l'ontologie en un ordre hiérarchique qui exprime les relations sous classe. Un concept universel « **Thing**», qui généralise tous les concepts racines des différentes hiérarchies de concepts est utilisé pour former une seule hiérarchie globale.

Pour construire la taxonomie des concepts, METHONTOLOGY propose d'utiliser les quatre relations :

- ✓ *Subclass-Of,*
- ✓ *Disjoint-Decomposition,*
- ✓ *Exhaustive-Decomposition,*
- ✓ et *Partition.*

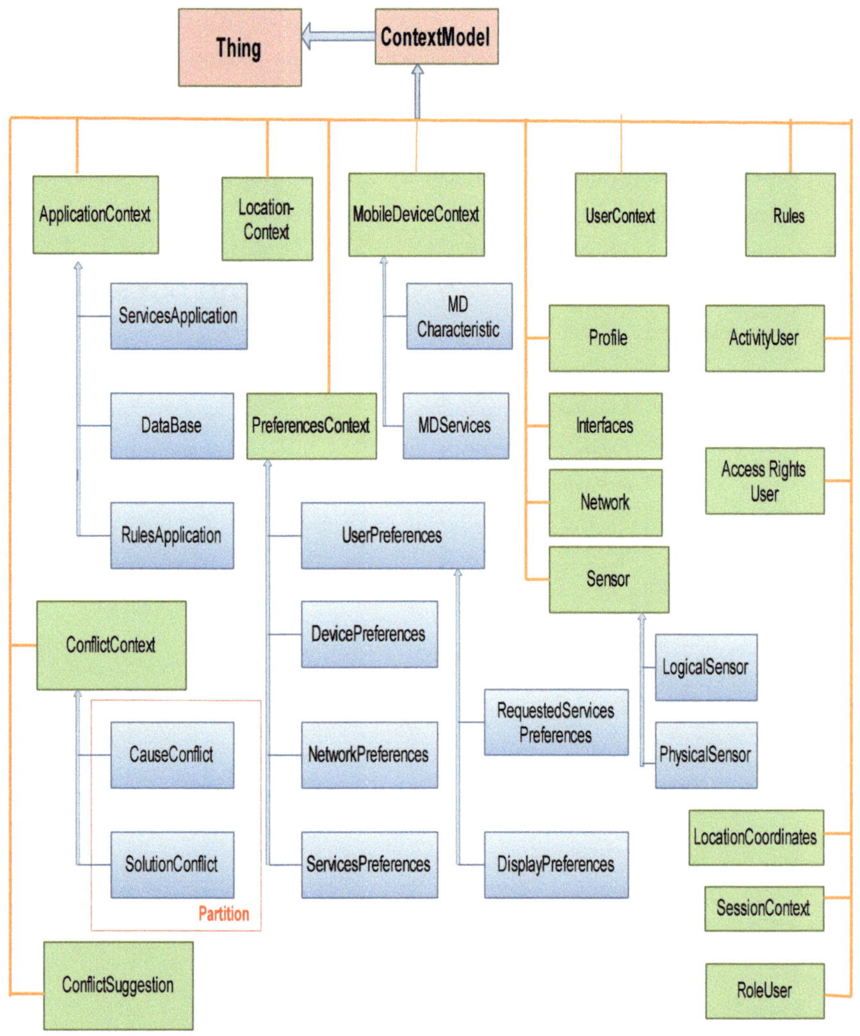

Figure 5. 2 - Diagramme de classification de concepts

2.3. Construction Du Diagramme Des Relations Binaires

Une relation binaire est utilisée pour connecter deux concepts ensemble (un concept source et un concept cible). Cette activité consiste à construire un diagramme de relation binaire (voir figure5.3) qui permet de représenter graphiquement diverses relations existant entre les différents concepts de la même hiérarchie ou une hiérarchie différente

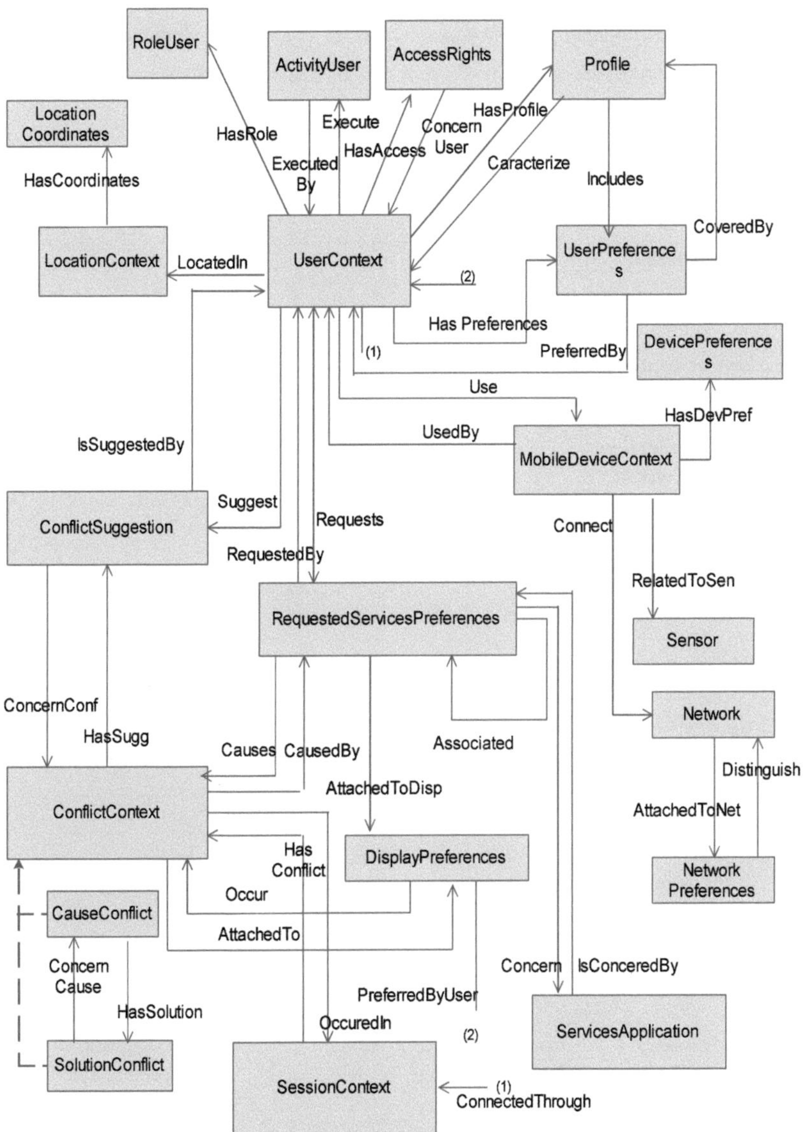

Figure 5.3 - Diagramme relations binaires

2.4.Dictionnaire De Concepts :

Le dictionnaire de concepts contient les concepts de domaine. Pour chaque concept que nous définissons son nom Concept connu, Instances, instance d'attributs, relations (voir tableau 5.2 pour certains concepts).

Table 5.2 – Dictionnaire de concepts

Nom de concept	Instances	Attributs d'instance	Relations
ContextModel	-	IDContMod Description	-
ApplicationContext	-	IDApp DescriptApp	-
ServicesApplication	-	IDServ DescripSer	IsConceredBy
DataBase	-	-	-
RulesApplication	-	-	-
ConflictContext	Conflict1, conflict2 Conflict3, conflict4 Conflict5	IDConf DescripConfl	HasSugg AttachedTo CausedBy OccuredIn
....	....	....	....

2.5. Tableaux Des Relations Binaires :

Ce tableau définit pour chaque relation utilisée dans le diagramme de relations binaires: nom de la relation, le concept source, cardinalité source (max), concept cible et relation inverse (voir le tableau 5.3 pour certaines relations).

Table 5.3 – Tableau des relations binaires

Nom de relation	Concept source	Cardinalité source (max)	Concept cible	Relation inverse
IsConceredBy	ServicesApplicatio n	N	RequestedServicePreferences	Concern
HasSugg	ConflictContext	N	ConflictSuggestion	ConcernCon
AttachedTo	ConflictContext	N	DisplayPreferences	Occur
CausedBy	ConflictContext	N	RequestedServicePreferences	Causes
OccuredIn	ConflictContext	N	SessionContext	HasConflict
....	....	....	....	....

2.6. Tableaux Des Attributs :

La table des attributs (voir le tableau 5.4 pour certains attributs) spécifie pour chaque attribut inclus dans le dictionnaire de concepts, l'ensemble des contraintes et restrictions sur ces valeurs.

Table 5.4 – Tableau des attributs

Nom d'attribut d'instance	Nom de concept	Type de valeur	Intervalle de valeur	Cardinalité
IDContMod	ContextModel	String	-	(1,1)
Description	ContextModel	String	-	(1,1)
IDApp	ApplicationContext	String		(1,1)
DescriptApp	ApplicationContext	String	-	(1,1)
....	....	....	....	....

2.7. Tableaux Des Instances :

Ce tableau décrit les instances connues qui sont déjà identifié dans le dictionnaire des concepts. Pour chaque instance, spécifier le nom de l'instance, le concept où elle appartient, ces attributs et valeurs associés. Le tableau 5.5 illustre certaines instances créées.

Table 5.5 – Tableau des instances

Nom de l'instance	Nom du concept	Attributs	Valeurs
Conflict1	ConflictContext	IDConf DescripConfl	"Contradiction between the RequestedServicePreferences and access rights of the user "
Conflict2	ConflictContext	IDConf DescripConfl	"Contradiction between the display preferences and the characteristics of used MD"
Conflict3	ConflictContext	IDConf DescripConfl	"Various wishes of Display for the same Requested Service"
....	....	....	....

3. Formalisation

Dans cette étape, nous allons utiliser le formalisme de la logique de description afin de formaliser le modèle conceptuel que nous avons obtenu dans l'étape précédente de conceptualisation. Nous Définissons le ContextModel comme suit :

ContextModel =(T ,A)

Avec T= (Tbox) et A=(Abox)

3.1. Construction De Tbox :

Nous construisons la TBox en définissant des concepts et les rôles et en utilisant les constructeurs fournis par les logiques de descriptions. Par exemple, la définition « un 'ActivityUser' doit être au moins exécuté par un 'user' » peut être écrite en logique de description par : ActivityUser≡ ∃ExecutedBy

De plus, nous construisons la TBox par la spécification des relations de **subsomption** qui existent entre les différents concepts/rôles ; par exemple pour spécifier que la classe 'User Context'est subsumée par la classe 'ContextModel'on écrit :

UserContext⊑ContextModel

Les définitions de quelques concepts sont illustrées dans le tableau ci-dessous.

Table 5.6 – définition de la TBox

Concept	Définition	Relations de subsomption
ContextModel	≡ (UserContext ⊔MobileDeviseContext⊔ LocationContext ⊔ ApplicationContext ⊔ ConflictContext ⊔ ConflictSuggestion ⊔ PreferencesContext ⊔ Profile ⊔ Intrefaces ⊔ Network ⊔ Sensor ⊔ Rules ⊔ ActivityUser ⊔ AcessRights ⊔ Location Coordinates ⊔ RoleUser)	ContextModel ⊑ T
UserContext	≡ ∃Execute.Activity⊓ ∃HasProfile.profile⊓ ∃HasAccess.AccessRights⊓ ∃HasRole.Role⊓ ∃LocatedIn.LocationContext⊓ ∃Suggest.ConflictSuggestion⊓ ∃Use.MobileDevice⊓ ∃HasPreferences.UserPreferences⊓ ∃ConnectedThrough.SessionContext⊓ ∃Request.RequestedServicePreferences	UserContext⊑ ContextModel
ActivityUser	≡ ∃ExecutedBy.UserContext	ActivityUser⊑ ContextModel
....	....	....

3.2. Construction De Abox :

Nous décrivons les faits en utilisant le langage assertionnel, de la manière suivante :

A(C) : Pour spécifier que A est une instance de la classe C ; Par exemple : C1(CauseConflict) / C1= cause1

R (A1, A2) : Pour spécifier que les deux individus A1 et A2 sont reliés par la relation R. Par exemple : HasSolution(C1, S1). / C1= cause1, S1= Solution1

Dans les deux tableaux Table 5.7, Table 5.8, nous définissons quelques assertions :

Table 5.7 – Partie assertionnelle des concepts

Concept	Définition
ConflictContext	Conflict1(ConflictContext) Conflict2(ConflictContext) ………………………….. …………………………
CauseConflict	C1(CauseConflict) C2(CauseConflict) ……………………… ………………..
………………………………………………..	……………………………………..

Table 5.8– Partie assertionnelle des relations

Relation	Définition
HasSolution	HasSolution(C1,S1)
…………………………………………………………	……………………………………… ….

4. Implémentation

Après la conception, nous allons implémenter notre ontologie. Notre choix porte sur OWL qui représente un langage de codification utilisé pour implémenter l'ontologie en OWL, et cela pour toutes les fonctionnalités sémantiques que permet OWL et qui sont plus riches que celles des langages RDFS & DAML+OIL.

4.1. Définition De La Hiérarchie Des Classes :

Nous commencerons tout d'abord par la création des concepts spécifiés dans l'étape de conceptualisation. PROTEGE 2000 nous offre également un moyen de construire la hiérarchie de concepts, la Figure 5.4 présente les concepts de « ContoLogy », crées sous PROTEGE.

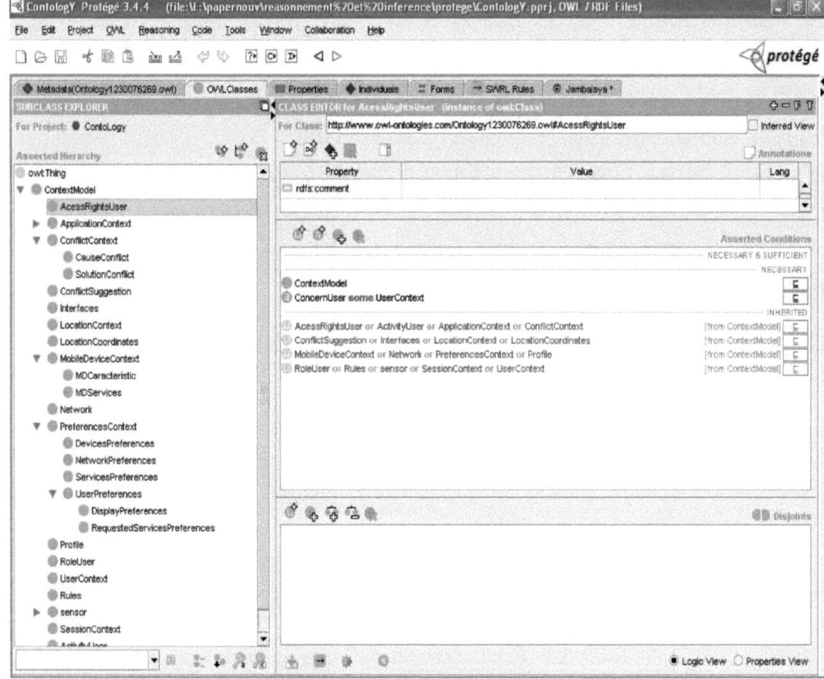

Figure 5.4 – Création des classes

4.2. Définition Des Propriétés :

Après avoir construit les classes, nous allons maintenant créer les propriétés pour chacun d'eux, les attributs vont être créés sous PROTEGE 2000 par 'dataTypeProperty' et les relations par 'objectProperty'. La Figure 5.5 montre les propriétés des classes sous PROTEGE.

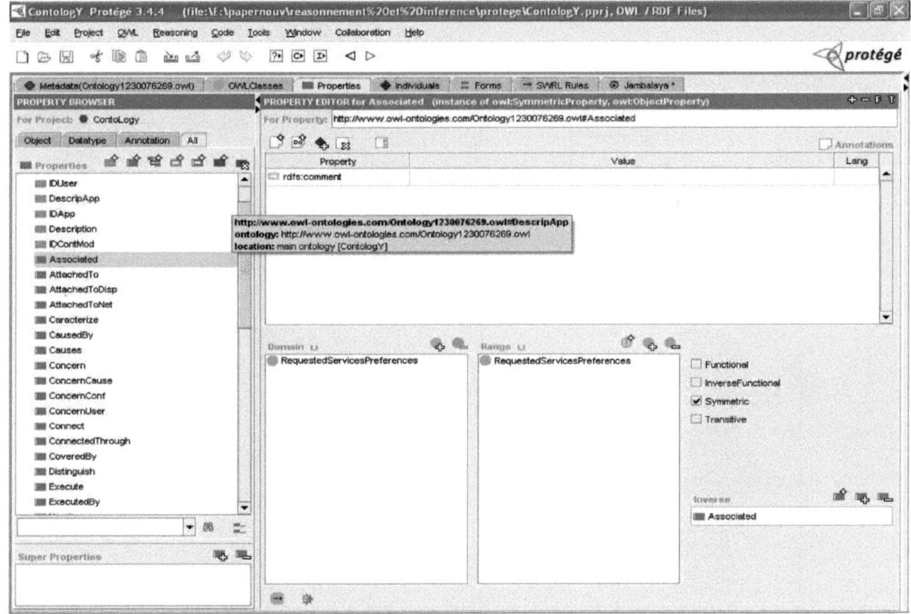

Figure 5.5 - Création des propriétés pour une classe

La Figure 5.6 présente un attribut et son nom, domaine et type.

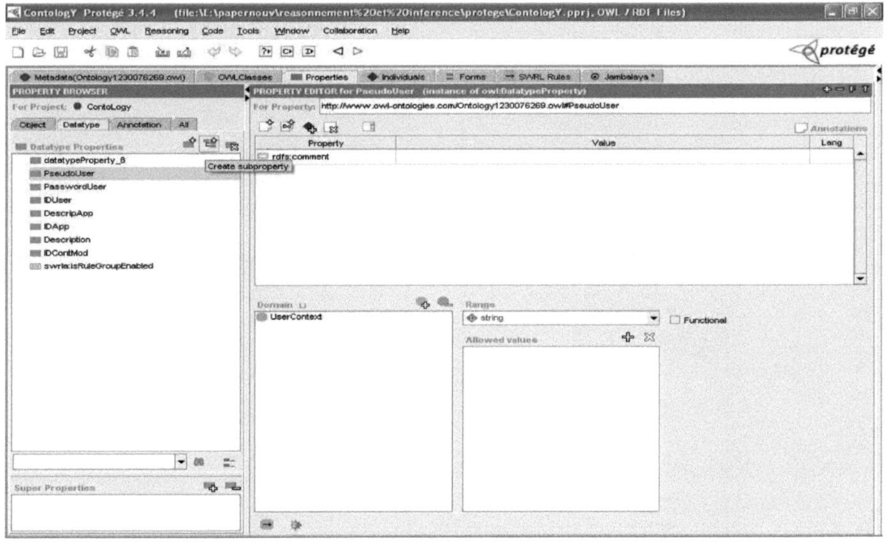

Figure 5.6 – Création d'un attribut

4.3. Définitions Des Restrictions :

PROTEGE 2000 nous offre un moyen pour créer des restrictions sur les classes et les propriétés. La Figure 5.7 montre un exemple d'une restriction sur une classe crée sous PROTEGE.

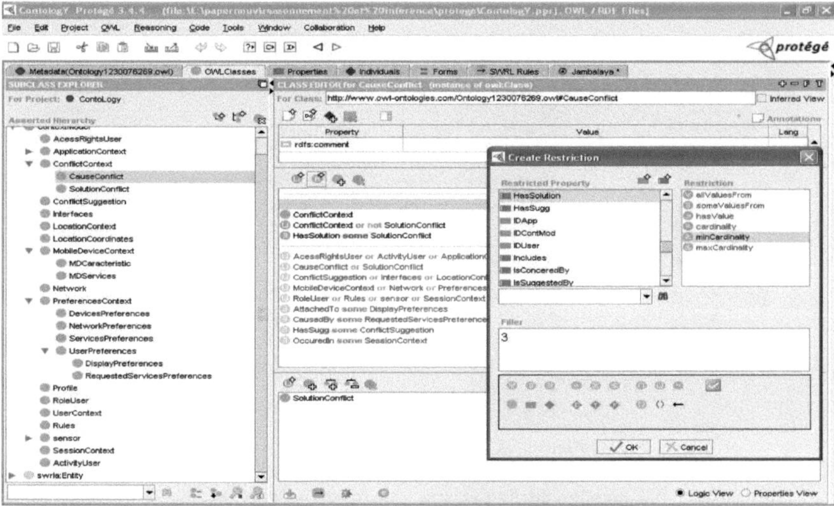

Figure 5.7 – Création d'une restriction sur une classe

➤ Les figures suivantes montrent des exemples sur « ContoLogy »

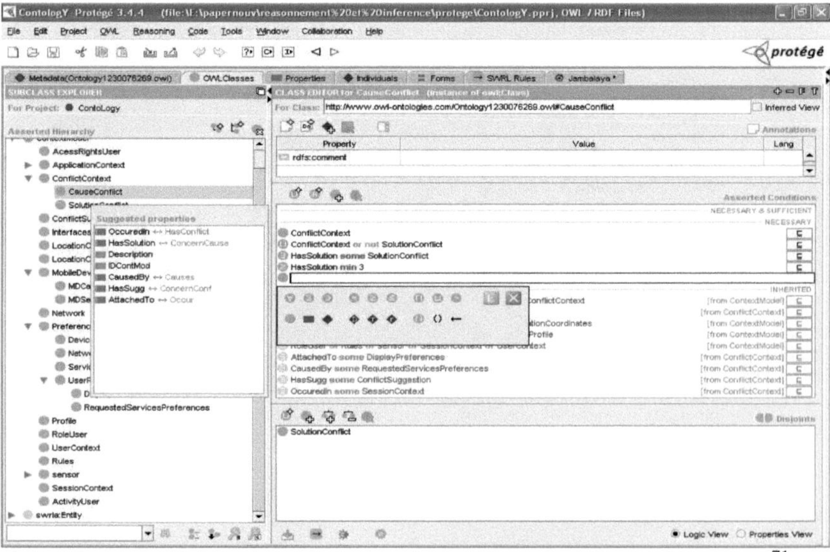

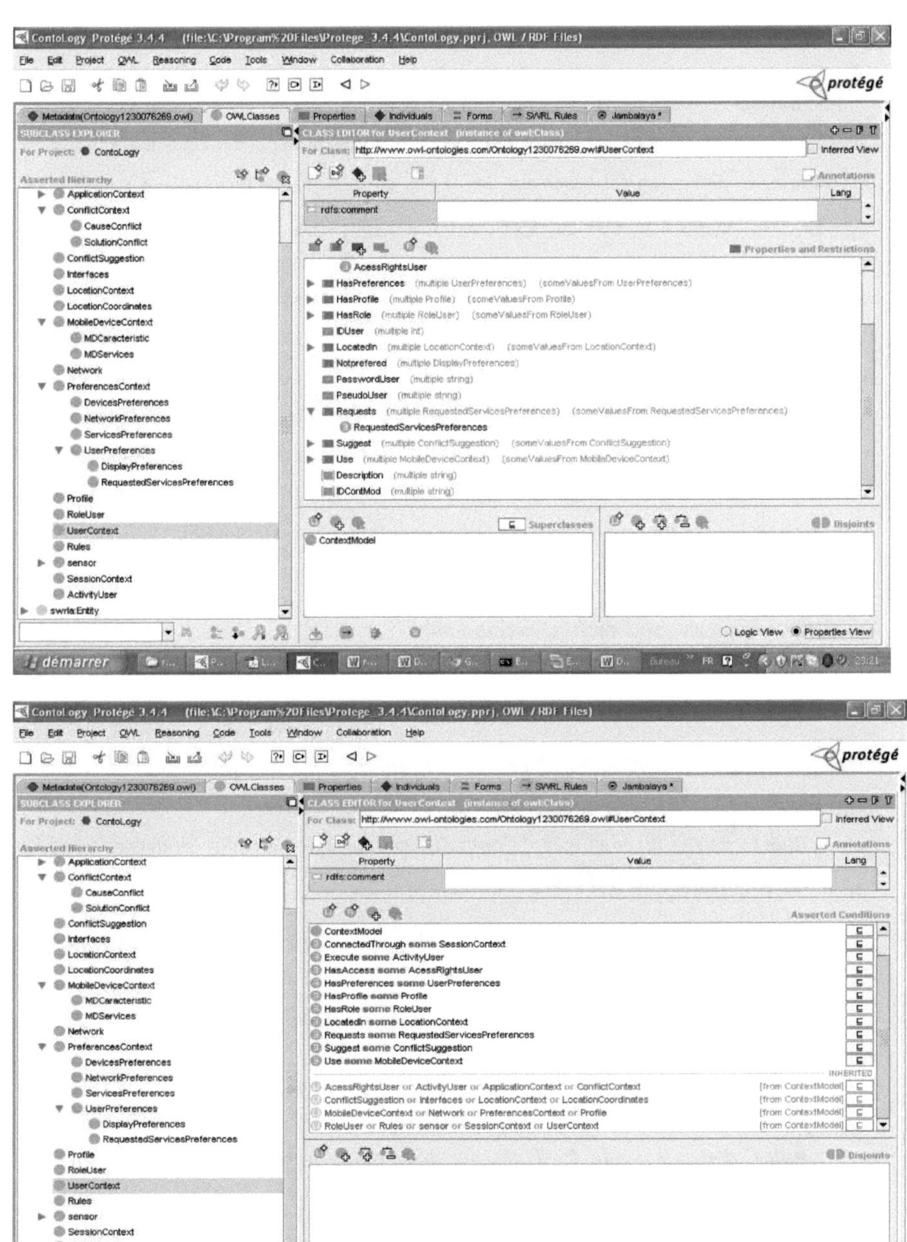
ContoLogy Protégé 3.4.4 (file:\C:\Program%20Files\Protege_3.4.4\ContoLogy.pprj, OWL / RDF Files)
File Edit Project OWL Reasoning Code Tools Window Collaboration Help
protégé
Metadata(Ontology1230076269.owl)
OWLClasses
Properties
Individuals
Forms
SWRL Rules
Jambalaya
SUBCLASS EXPLORER
For Project: ContoLogy
Asserted Hierarchy
ApplicationContext
ConflictContext
CauseConflict
SolutionConflict
ConflictSuggestion
Interfaces
LocationContext
LocationCoordinates
MobileDeviceContext
MDCaracteristic
MDServices
Network
PreferencesContext
DevicesPreferences
NetworkPreferences
ServicesPreferences
UserPreferences
DisplayPreferences
RequestedServicesPreferences
Profile
RoleUser
UserContext
Rules
sensor
SessionContext
ActivityUser
swrla:Entity
CLASS EDITOR for UserContext (instance of owl:Class)
For Class: http://www.owl-ontologies.com/Ontology1230076269.owl#UserContext
Inferred View
Annotations
Property
Value
Lang
rdfs:comment
Properties and Restrictions
AcessRightsUser
HasPreferences (multiple UserPreferences) (someValuesFrom UserPreferences)
HasProfile (multiple Profile) (someValuesFrom Profile)
HasRole (multiple RoleUser) (someValuesFrom RoleUser)
IDUser (multiple int)
LocatedIn (multiple LocationContext) (someValuesFrom LocationContext)
Notprefered (multiple DisplayPreferences)
PasswordUser (multiple string)
PseudoUser (multiple string)
Requests (multiple RequestedServicesPreferences) (someValuesFrom RequestedServicesPreferences)
RequestedServicesPreferences
Suggest (multiple ConflictSuggestion) (someValuesFrom ConflictSuggestion)
Use (multiple MobileDeviceContext) (someValuesFrom MobileDeviceContext)
Description (multiple string)
IDContMod (multiple string)
Superclasses
Disjoints
ContextModel
Logic View
Properties View
démarrer
ContoLogy Protégé 3.4.4 (file:\C:\Program%20Files\Protege_3.4.4\ContoLogy.pprj, OWL / RDF Files)
Asserted Conditions
ContextModel
ConnectedThrough some SessionContext
Execute some ActivityUser
HasAccess some AcessRightsUser
HasPreferences some UserPreferences
HasProfile some Profile
HasRole some RoleUser
LocatedIn some LocationContext
Requests some RequestedServicesPreferences
Suggest some ConflictSuggestion
Use some MobileDeviceContext
INHERITED
AcessRightsUser or ActivityUser or ApplicationContext or ConflictContext [from ContextModel]
ConflictSuggestion or Interfaces or LocationContext or LocationCoordinates [from ContextModel]
MobileDeviceContext or Network or PreferencesContext or Profile [from ContextModel]
RoleUser or Rules or sensor or SessionContext or UserContext [from ContextModel]
Disjoints
Logic View
Properties View
démarrer

4.4.Description Des Règles Du Contexte : Les Règles De La Gestion Des Conflits :

En utilisant l'ontologie "ContoLogy", nous pouvons dériver un nouveau contexte. Le contexte dérivé est un implicite contexte dérivé d'un contexte explicite. Dans notre ontologie de contexte, la dérivation est basée sur des règles de la forme **antécédent → conséquent**. Antécédentet conséquent sont composés d'un ou plusieurs concepts du contexte et la description des relations. Le contexte dérivé peut affecter d'autres aspects contextuels, par exemple: ConflictContext est un contexte dérivé de MobileDeviceContext, UserContext and UserPreferences. Dans notre travail, nous avons prévu de résoudre tous les conflits qui peuvent survenir lors de la vérification des préférences de l'utilisateur. Dans les sections précédentes, on a défini cinq conflits qui peuvent survenir lors de la vérification des préférences de l'utilisateur. Pour gérer ces conflits, nous avons utilisé SWRL (Semantic Web RuleLanguage), nous avons défini cinq règles SWRL pour dériver les conflits, cinq SWRL pour résoudre ces conflits et on a créé ces règles sous Protége 2000 [Noy00].

a) SWRL Pour Dériver Les Conflits

On a défini cinq règles pour dériver les cinq conflits :

- ✓ ***Régle1**: dérive le conflit 1 : "**Contradiction entre les Requested_Service_Preferences ET les droits d'accès de l'utilisateur.**"* :

UserContext(?x) ΛRequestedServicesPreferences(?A) ΛAcessRightsUser(?AR) ΛdifferentFrom(?A, ?AR) ΛConflictContext(?c) → Causes(?A, ?c)

- ✓ ***Rule2**: dérive le conflit 2: "**Contradiction entre les Display preferences et les caractéristiques du DM utilisé** ":*

UserContext(?x) ΛDisplayPreferences(?d) ΛMobileDeviceContext(?dm) ΛdifferentFrom(?dm, ?d) ΛConflictContext(?c) → Occur(?d, ?c)

- ✓ ***Rule3**: dérivele conflit 3: "**Différents souhaits d'Affichage pour le même service**":*

UserContext(?x) ΛRequestedServicesPreferences(?A) ΛMobileDeviceContext(?dm) ΛdifferentFrom(?dm, ?d) Λsqwrl:isEmpty(?d) ΛConflictContext(?c) → Causes(?A, ?c)

- ✓ ***Rule4**: dérive le conflit 4: "**L'absence des Display preferences après la vérification de l'historique de l'utilisateur**":*

UserContext(?x) ΛRequestedServicesPreferences(?A) Λsqwrl:isEmpty(?d)ΛNotprefered(?d, ?x) ΛConflictContext(?c) → Causes(?A, ?c)

- ✓ ***Rule5**: dérive le conflit 5:* "**Contradiction entre les Display preferences demandés et les possibilités d'affichage exprimés**":

UserContext(?x) ∧RequestedServicesPreferences(?A) ∧MobileDeviceContext(?dm) ∧differentFrom(?dm, ?d) ∧sqwrl:isEmpty(?d) ∧ConflictContext(?c) →Causes(?A, ?c)

b) SWRL pour résoudre les conflits

On a défini cinq SWRL pour résoudre les cinq conflits, [Bourougaa16] pour la description des valeurs de tous les paramètres des règles suivantes :

- ✓ ***Rule6**: résout le conflit1: ConflictContext(ConflictContext_1) ∧CauseConflict(CauseConflict_1) → HasSolution(ConflictContext_1, SolutionConflict_1)∧HasSolution(ConflictContext_1, SolutionConflict_2).*

- ✓ ***Rule7**: résout le conflit2: ConflictContext(ConflictContext_2) ∧CauseConflict(CauseConflict_2) → HasSolution(ConflictContext_2, SolutionConflict_3)∧HasSolution(ConflictContext_2, SolutionConflict_1)∧HasSolution(ConflictContext_2, SolutionConflict_4)*

- ✓ ***Rule8**: résout le conflit 3: ConflictContext(ConflictContext_3) ∧CauseConflict(CauseConflict_3) → HasSolution(ConflictContext_3, SolutionConflict_5) ∧HasSolution(ConflictContext_3, SolutionConflict_4)*

- ✓ ***Rule9**: résout le conflit4: ConflictContext(ConflictContext_4) ∧CauseConflict(CauseConflict_4) → HasSolution(ConflictContext_4, SolutionConflict_1) ∧HasSolution(ConflictContext_4, SolutionConflict_4)*

- ✓ ***Rule10**: résout le conflit5: ConflictContext(ConflictContext_5) ∧CauseConflict(CauseConflict_5) → HasSolution(ConflictContext_5, SolutionConflict_1)∧HasSolution(ConflictContext_5, SolutionConflict_3)∧HasSolution(ConflictContext_5, SolutionConflict_4)*

c) SWRL création sous Protégé:

On a utilisé PROTÉGÉ 2000 pour implémenter les règles précédentes. Figure 5.8 montre la création des règles SWRL sous protégé

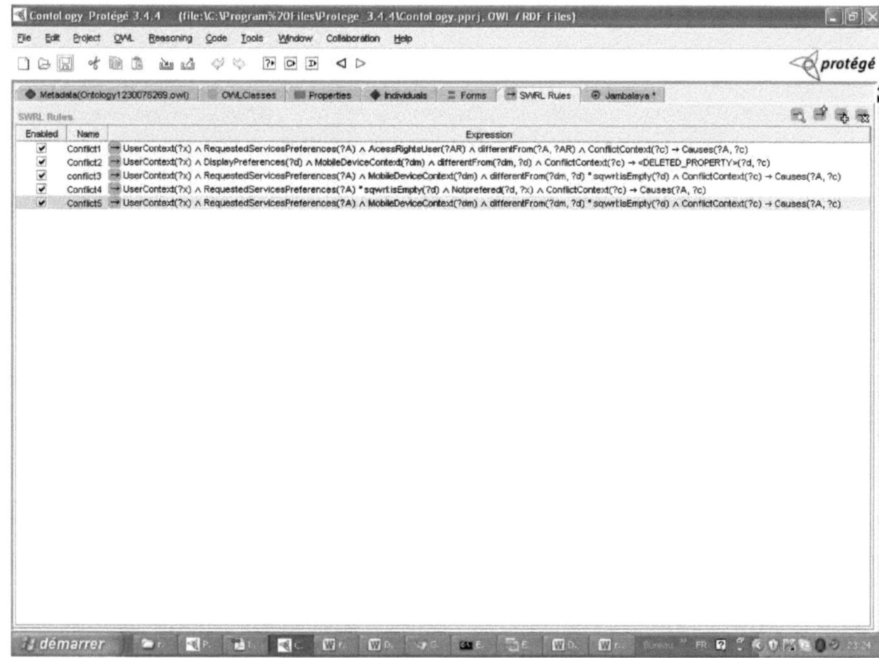

Figure 5.8:SWRL pour gérer les conflits

4.5. Génération du code

Après cette étape, on peut transformer notre ontologie “ContoLogy” à un OWL format. Un extrait du modèle de l’ontologie de contexte en OWL est illustré ci-dessous:

```
<?xml version="1.0"?>
<rdf:RDF
xmlns:rdf="http://www.w3.org/1999/02/22-rdf-syntax-
ns#"xmlns:protege=http://protege.stanford.edu/plugins/owl/protege
#
    …………
xmlns="http://www.owl-
ontologies.com/Ontology1230076269.owl#"
xmlns:swrl="http://www.w3.org/2003/11/swrl#"
xmlns:swrlb="http://www.w3.org/2003/11/swrlb#"
………..
</owl:Ontology>
<owl:Classrdf:ID="ServicesPreferences">
<rdfs:subClassOf>
<owl:Classrdf:ID="PreferencesContext"/>
</rdfs:subClassOf>
</owl:Class>
…….<owl:Classrdf:ID="Profile">
<rdfs:subClassOf>
<owl:Restriction>
<owl:someValuesFrom>
<owl:Classrdf:ID="UserPreferences"/>
</owl:someValuesFrom>
<owl:onProperty>
<owl:ObjectPropertyrdf:ID="Includes"/>
</owl:onProperty>
</owl:Restriction>
</rdfs:subClassOf>
<rdfs:subClassOf>
<owl:Restriction>
<owl:onProperty>
    ……….
<owl:Restriction>
<owl:someValuesFrom>
<owl:Classrdf:about="#ConflictContext"/
>
</owl:someValuesFrom>
<owl:onProperty>
<owl:ObjectPropertyrdf:ID="Causes"/>…
.
```

5. Test De L'ontologie

Nous avons utilisé le système Racer pour tester l'ontologie « Contology », nous distinguons deux types de tests : test de consistance et test de satisfiabilité; le premier consiste à enlever l'inconsistance entre les concepts et cela en utilisant le test de subsumption incorporé au système Racer, par contre le deuxième permet de vérifier pour chaque concept l'existence des instances; un concept C est satisfiable si et seulement s'il existe au moins une interprétation I (instance) pour le concept C. Racer se présente sous la forme d'un serveur qui peut être accédé par le protocole TCP ou HTTP. Donc, nous devons d'abord configurer la connexion au serveur hébergeant le système Racer. Mais ce que nous souhaitons, est de tester l'ontologie localement. Pour cela nous allons procéder comme suit:

1. Activer le menu OWL de Protégé.
2. Choisir l'option Préférences…
3. Dans la fenêtre qui s'affiche, vérifier que l'URL est « http://localhost:8080 », sinon saisir puis valider en cliquant sur le bouton 'Close'.

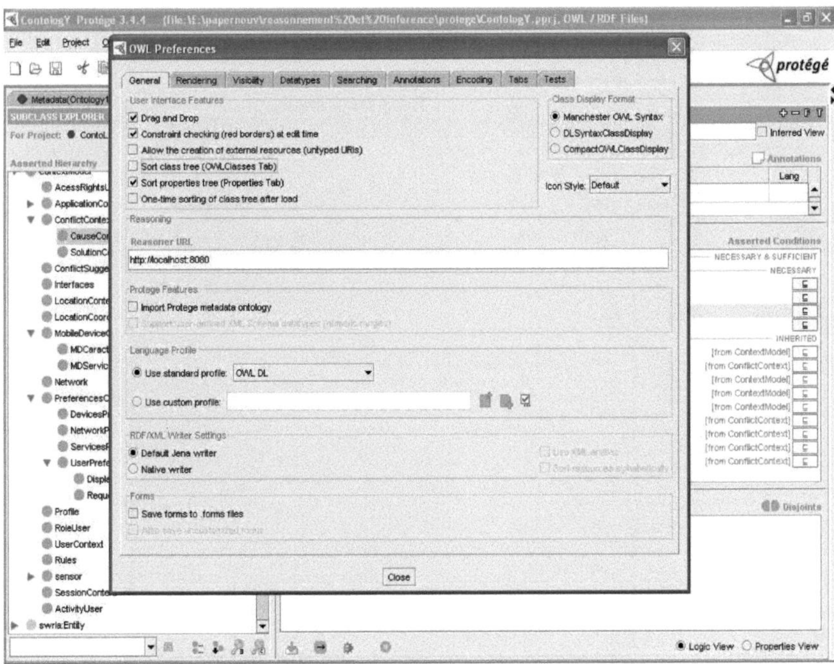

Figure 5.9 – Vérification de l'URL de Reasoner

4. Télécharger et exécuter Racer localement, le service HTTP va être activé sur le port 8080 de la machine local (localhost)

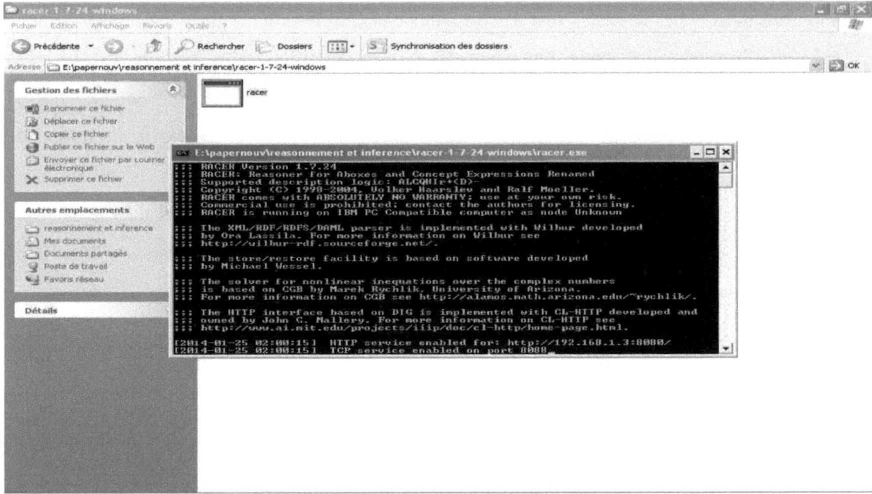

Figure 5.10 – Lancement de Racer

5- Puis, effectuer les 3 tests sur notre ontologie

Figure 5.11 – Test de consistance

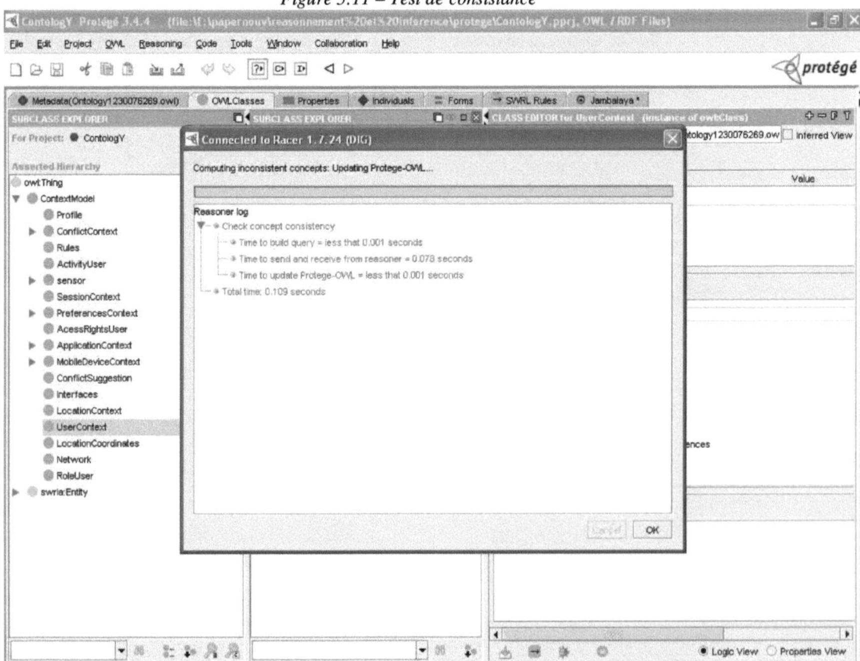

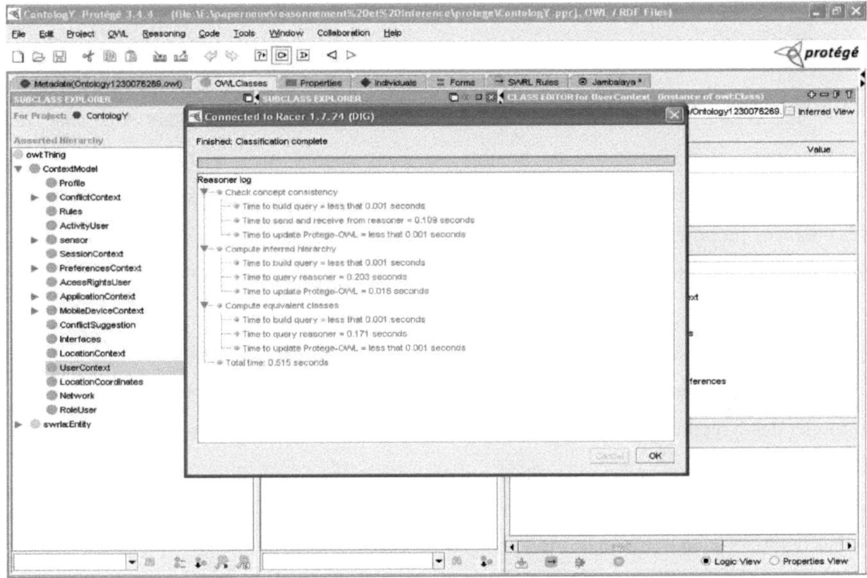

Figure 5.12 – Test de classification

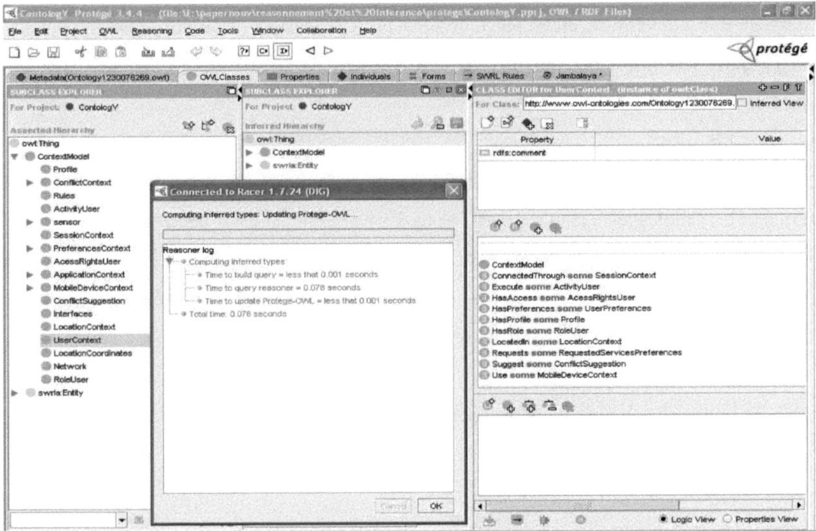

Figure 5.13– Test d'inférence

D'après les tests que nous avons appliqués sur l'ontologie « ContoLgy », aucune erreur ne s'est produite lors du test. Ce qui implique que, notre est opérationnelle.

Conclusion générale

La vision de Tim Berners Lee d'un Web sémantique constituant une base de connaissance universelle ouvre de nombreuses perspectives, mais néanmoins sa mise en oeuvre pose de multiples problèmes. Le premier à remarquer est la diversité et la complexité des langages proposés aujourd'hui par le W3C. D'autre part, le coût réel du passage au Web sémantique est un obstacle.

Le Web sémantique (plus techniquement appelé « le Web de données ») permet aux machines de comprendre la sémantique, la signification de l'information sur le Web. Il étend le réseau des hyperliens entre des pages Web classiques par un réseau de lien entre données structurées permettant ainsi aux agents automatisés d'accéder plus intelligemment aux différentes sources de données contenues sur le Web et, de cette manière, d'effectuer des tâches (recherche, apprentissage, etc.) plus précises pour les utilisateurs.

Pour éviter au maximum les ambiguïtés de compréhension, nous utilisons donc naturellement une convention entre les individus prenant part au dialogue, passant par un formalisme qu'il soit graphique ou linguistique. C'est dans ce dernier formalisme que les ontologies interviennent.

Par conséquent, dans ce support de cours, nous avons détaillé la relation entre le web sémantique et les ontologies. Tout d'abord, Nous avons commencé par détailler le concept du Web actuel et son problème avec la sémantique et à quoi sert les ontologies. Puis on a abordé la notion d'ontologie, on expliquant tous ses concepts. Et on a présenté un exemple détaillé de la construction d'une ontologie en utilisant la méthode « METHONTOLOGY».

En fin le travail est conclu par une conclusion

Références Bibliographiques

[Baader03a] Baader. F., Nutt. W. , "Basic description logics". Dans Baader, F., Calvanese, D., McGuinness, D., Nardi, D. et Patel-Schneider, P. (éditeurs), "The Description Logic Handbook : Theory, Implementation and Applications". Cambridge University Press, pp. 47100. 2003.

[Baader03b] Baader. F., Horrocks. I., Sattler. U., "Description logics as ontology languages for the semantic web". Dans Hutter, D. et Stephan, W. (éditeurs), "Festschrift in honor of Jörg Siekmann". Lecture Notes in Artificial Intelligence. Springer-Verlag. 2003.

[Bechhofer01] Bechhofer. S., Horrocks. I., Goble. C., Stevens. R., "OILed : a reason-able Ontology Editor for the semantic Web", in Proceedings of KI2001, Joint German/Austria Conference on Artificial Intelligence, Springer Verlag LNAI 2174, pages 396-408, 2001.

[Bourougaa16] Salima Bourougaa-Tria, Hassina Seridi-Bouchelaghem, Farid Mokhati. "An Ontology-Based Context Model to Manage Users Preferences And Conflicts". Informatica. An International Journal Of Computing And Informatics Volume 40, N°1 (2016).

[Driouche07] Driouche.R.. "Proposition d'une architecture d'intégration des applications d'entreprise basée sur l'interopérabilité sémantique de l'EbXML et la mobilité des agents", Thèse présentée pour obtenir le diplôme de Doctorat en science. 2007. université Mentouri de Constantine. faculté des sciences de l'ingénieur. département d'informatique.

[Evren-Sirin06] Evren. Sirin. , Bijan P., Bernardo. C. G., Aditya K., and Yarden. K., Pellet, "A practical owl-dl reasoned". Submitted for publication to Journal of Web Semantics, 2006.

[Espinasse09] Espinasse. Bernard. " Introduction au langage Ontology Web Language (OWL) ", Professeur à l'Université d'Aix-Marseille. 31 mars 2009.

[Fernandez97] Fernandez. M., Gomez-Perez. A., Juristo. N., "METHONTOLOGY : from ontological art towards ontological engineering", in Proceedings of the Spring Symposium Series on Ontological Engineering (AAAI'97), AAAI Press , 1997.

[Fürst02] frédéric. fürst, "l'ingénierie ontologique". rapport de recherche no 02-07 octobre 2002.

[Gómez-pérez04] Gomez-Perez. A., Fernandez. M., De Vicente A. J., "Towards a Method to Conceptualize Domain Ontologies", in Proceedings of the European Conference on Artificial Intelligence, ECAI'96, pages 41-52, 2004.

[Gruber93] Gruber. T. G. "A translation approach to portable ontologies", Knowledge Acquisition 5, 2 (1993), 199–220.

[Gruber95] Gruber T.R., "Toward principles for the design of ontologies used for knowledge sharing". International Journal of Human Computer Studies. 1995.

[Gruninger95] Gruninger. M., Fox. M. S., "Methodology for the design and evaluation of ontologies", in Proceedings of the Workshop on Basic Ontological Issues on Knowledge Sharing, IJCAI'95, 1995.

[Guarino98] Guarino. N., "Formal Ontology in Information Systems". Proceedings of FOIS'98, Trento, Italy, 6-8 June 1998. Amsterdam, IOS Press, pp. 3-15.

[Haarslev01] Haarslev. V. and M¨oller.R. "Racer user's guide and reference manual version 1.6". Technical report, University of Hamburg, Computer Science Department, 2001.

[Hayes79] Hayes. P. J, "The logic of frames". In D. Metzing (Ed). Frame Conceptions and Text Understanding. Walter de Gruyter & Co., 1979.

[Horrocks03] Horrocks. Ian, Peter F. Patel-Schneider, Harold Boley, Said Tabet, Benjamin Grosof, and Mike Dean. SWRL: "A Semantic Web Rule Language Combining OWL and RuleML". W3C Member Submission, 21 May 2004. Available athttp://www.w3.org/Submission/SWRL/.

[Horrocks04] Horrocks. Ian, Peter F. Patel-Schneider, Harold Boley, Said Tabet, Benjamin Grosof, and Mike Dean. SWRL: "A Semantic Web Rule Language Combining OWL and RuleML". W3C Member Submission, 21 May 2004. Available athttp://www.w3.org/Submission/SWRL/

[Ian Horrocks01] Ian Horrocks, Peter Patel-Schneider, Tim Berners-Lee ,Dan Brickley Dan Connolly Mike Dean Stefan Decker Dieter Fensel Richard Fikes Pat Hayes Jeff Heflin Jim Hendler Ora Lassila Deb McGuinness Lynn Andrea Stein, Frank van Harmelen. Specification DAML+OIL, 2001. http://www.daml.org/ 2001/03/daml+oil-index.html.

[Kass00] Kassel.G., Abel. M., Barry. C., Boulitreau.P., Irastorza. C., Perpette. S., "Construction et exploitation d'une ontologie pour la gestion des connaissances d'une équipe de recherche", in Actes des journées francophones d'Ingénierie des Connaissances (IC'2000), 2000.

[Keita07] Keita. A., "Conception coopérative d'ontologies pré-consensuelles : application au domaine de l'urbanisme", Thèse pour l'obtention du diplôme de Doctorat à l'institut national des sciences appliquées, 2007.

[Lee99] Tim Berners-Lee , Weaving the Web, HarperCollins, new York, 1999

[Lee01] Tim Berners-Lee , James Hendler , Ora Lassila ,The Semantic Web, Scientific American May 2001

[Lee02] T.B. Lee et al., "The semantic Web". in Scientific American, May 2002.

[Lekhchine09] Lekhchine R., " Construction d'une ontologie pour le domaine de la sécurité : Application aux agents mobiles". Mémoire Pour l'obtention du diplôme de Magister en Informatique. Université Mentouri – Constantine Faculté des Sciences de l'Ingénieur – Département d'Informatique. 2009

[Minsky75] Minsky. M., "A framework for representing knowledge". The Psychology of Computer Vision. McGraw-Hill. 1975.

[Minsky81] Minsky .M., "A framework for representing knowledge". Dans Haugeland, J. (éditeur), Mind Design. The MIT Press, pp. 95128. 1981.

[Nardi03] Nardi. D., Brachman. R. J., "An introduction to description logics". Dans Baader, F., Calvanese, D., McGuinness, D., Nardi, D. et Patel-Schneider, P. (éditeurs), "The Description Logic Handbook : Theory, Implementation and Applications". Cambridge University Press, pp. 544. 2003

[Noy01] Natalya. F. Noy and Deborah L. McGuinness, "Ontology Development 101: A Guide to Creating Your First Ontology", Stanford Knowledge Systems Laboratory Technical Report KSL-01-05 and Stanford Medical Informatics Technical Report SMI-2001-0880, March 2001.

[Oberle04] D. Oberle, R. Volz, B. Motik et S. Staab, "An extensible ontology software environment". In S.Staab et R. Studer (Eds.), Handbook on Ontologies (pp. 299-320): Springer Verlag. 2004.

[Quillian68] Quillian,M., "Semantic memory". Semantic Information Processing. MIT Press, Cam. 1968

[Sowa84] Sowa.j., "Conceptual Structures: Information Processing in Mind and Machine", Addison-Wesley.A , Reading, MA, 1984.

[Sure02] Sure.Y., Erdmann. M., Angele. J., Staab. S., Studer. R. and Wenke. D., "OntoEdit : collaborative ontology development for the semantic web", in Proceedings of the International Semantic Web Conference, Springer-Verlag LNCS 2342, pages 221-235, 2002.

[Swartout97] Swartout. B., Ramesh. P., Knight. K. and Russ. T., "Toward Distributed Use of Large-Scale Ontologies", In Symposium on Ontological Engineering of AAAI, Stanford, California, March, 1997

[Staab01]. Staab. S., Maedche. A., "Axioms are objects too: Ontology engineering beyond the modeling of concepts and relations", Research report 399, Institute AIFB, Karlsruhe, 2000

[Sattler03] Sattler. U., Calvanese .D., and Molitor. R., "Relationships with other formalisms". Dans Baader, F., Calvanese, D., McGuinness, D., Nardi, D. et Patel-Schneider, P. (éditeurs), "The Description Logic Handbook: Theory, Implementation and Applications". Cambridge University Press, pp. 142183. 2003

[Studer98] Studer. R., Benjamins. R. et Fensel D., "Knowledge Engineering: Principles and Methods". Data Knowledge Engineering.1998.

[Uschold95] Uschold. M. and King. M., "Towards a methodology for building ontologies", in Proceedings of the Workshop on Basic Ontological Issues in Knowledge Sharing, IJCAI'95, 1995.

[Uschold96] Uschold. M. and Grüninger. M., "Ontologies : principales, methods, and applications". Knowledge Engineering Review, 11(2) :93–155, 1996.

[Uschold02] M. Uschold and M.Gruninger, "Creating semantically integrated communities on the World Wide Web". Honolulu: Semantic Web Workshop, 2002

[Welty01] Welty. C. and Guarino. N., "Supporting ontological analysis of taxonomic relationships", Data et Knowledge Engineering (39), pages 51-74, 2001.

[W3c01] Recommendation W3C OWL, 2001. http://www.w3.org/TR/owl-ref/.

[W3C04a] Recommendation W3C OWL, 2004. http://www.w3.org/TR/owl-ref/.

[W3C04b] W3C. OWL Web Ontology Language Use Cases and Requirements. http ://www.w3.org/TR/webont-req/, W3C Recommendation 10 February 2004.

[W3C04c] Recommandation W3C RDFS, 2004. http://www.w3.org/TR/2004/REC-rdf-schema-20040210/. 10 February 2004

[W3C04d] Recommandation W3C XML, 2004. http://www.w3.org/TR/2004/REC-xml-20040204. Le 04 February 2004.

[W3C04e] Recommendation W3C XML-S .2004. http://www.w3.org/TR/2004/REC-xmlschema-1-20041028/. 28 October 2004.

[W3C04f] Recommendation W3C RDQL .2004. http://www.w3.org/Submission/2004/SUBM-RDQL-20040109/. 9 January 2004

[W3C06] Recommendation W3C SPARQL .2006. http://www.w3.org/TR/2006/CR-rdf-sparql-query-20060406/. 6 April 2006

[Zhou Mingtian03] Zhou Mingtian and Zuo Zhihong. "Web ontology language owl and its description logic foundation", pages 157 – 160. Parallel and Distributed Computing, Applications and Technologies, PDCAT'2003., 2003.

[Zou04] Zou. Y., Finin. T., et Chen. H., "F-owl : an inference engine for semantic web". Dans Third NASAGoddard/IEEE Workshop on Formal Approaches to Agent-Based Systems. Greenbelt, Maryland. 2004

[Zweigenbaum99] Zweigenbaum. P., "Encoder l'information médicale : des terminologies aux systèmes de représentation des connaissances"., in Innovation stratégique en information de santé (ISIS) (2-3), pages 27-47, 1999.